SHODENSHA SHINSHO

幕末志士の「政治力」

――国家救済のヒントを探る

瀧澤　中

祥伝社新書

はじめに

現代の政治家たちを取材していて、時々思うことがある。

それは、ずいぶんいい加減な人もいれば、本当に尊敬できる人もいる、ということである。当たり前だ、と言ってしまえばそれまでだが、さて、直接政治家と話をしない国民が圧倒的大多数の中、どれだけの人がその実像を知っているのであろうか。

私たちは日々テレビや新聞に出てくる政治家について、ある人を「格好いい」、ある人を「頑固者のわからず屋」、またある人を「難しいことをよく知っている正義漢」との印象を持つ。だが、テレビに出る時だけ張り切って国会欠席ばかりの議員や、テレビカメラのない場所では取材者に居丈高《いたけだか》にモノを言う議員もいる。また、大きな事故が起きた時、総理大臣を国会でなじり倒していながら、自らは事故の現場や遺族に一度も会わない議員もいる。要は、見てくればかりのポンコツ、という議員が少なくない、ということだ。

逆に、滅多にテレビに出てこない、また新聞記事にもならないけれども、たとえば医療現場を、介護の現場を、農業の現場を、安全保障の最前線を知っていて、誠実に問題に対処している地味で有能な政治家もいる。

つまり、国会議員も人間だ、ということである。

さて。

そう考えていくと、歴史上の人物の中にも、本物とそうでない者がいたのではないか、と思えてくる。

前著『戦国武将の政治力』でも触れたが、小説がある人物を偉大にし、あるいは卑小にする例は枚挙《まいきょ》に暇《いとま》がない。井伊直弼《いいなおすけ》や山県有朋《やまがたありとも》をコテンパンに書く司馬遼太郎《しばりょうたろう》がいれば、その井伊直弼を人情味豊かな文人政治家として描く舟橋聖一《ふなはしせいいち》がいる。山岡荘八《やまおかそうはち》の描く徳川家康《とくがわいえやす》と、司馬遼太郎の徳川家康では、まったく別人ではないかとさえ思えてくる。

しかし。

『羅生門《らしょうもん》』のたとえではないけれども、一つの事件も見方によっていかようにも解釈できるわけで、そこに小説の醍醐味《だいごみ》が生まれるのであろう。

では、事実はどうか。

誰が何をしたのか、という事実はすぐにわかる。しかし、それを行なった時のその人物の心境は、当の本人にしかわからない。あるいは、本人にさえわからない場合がある。

本書でも取り上げる徳川慶喜《よしのぶ》は、なぜ鳥羽伏見《とばふしみ》敗戦の後、多くの部下たちを見捨てて自分だけが大坂から江戸に逃げ帰ったのか。

ある人は臆病《おくびょう》と言い、無責任だと責める。

ある人は極めて高い政治的判断だと言い、ある種の勇気を褒《ほ》める。

その答えは、見る人によって異なろう。

そこで本書では、徳川慶喜をはじめ、それぞれの人物の「政治家」としての側面に焦点を当てて、それが政治的判断としてどうだったのか、政治家としてその人物は一流であったのかどうか、という思考の遊びをしてみたいと思う。

前著同様、近現代の国内外の政治家や政治的事件と比較をしながら、その現代的意味を探ってみたい。

本書作成にあたり、上條末夫先生、三戸岡道夫先生のご厚情に、心から感謝申し上げます。

平成二十一年冬　東京にて

瀧澤《たきざわ》　中《あたる》

はじめに

目次

第1章

篤姫の政治力

1、篤姫輿入れ《あつひめこしい》と幕末の大奥

①人間としても異性としても好かれる人間とは

私は以前、勤めていた会社で人事課に配属されて、時々採用面接をしていた。履歴書の写真と実際の人物の印象が違うのはいつものことであったが、ある時、写真も実物も美しい女性が面接にやってきた。

そして、ものの三分も喋《しゃべ》って、不採用に決めた。

面接で学生に求めるのは「模範解答」ではなく、自分の考えを自分の言葉で喋るかどうか、という点である。残念ながらこの女性は、質問に対して「わかりません」を連発した。わからないことを「わからない」と言うのは結構だが、自分がどんな仕事に興味があるのかについて「わかりません」では、採用できるはずもない。

世間話や時事問題も尋ねたが、まったく関心がないようだった。

私も男だから最初会った瞬間は「おおっ」と思ったが、面白いもので、話を終えると途端に色あせて見えたのをよく覚えている。

また、最近は仕事の関係で女性の政治家にも会う機会があるが、いわゆる「美人議員」の中にはとんでもない頭カラッポの議員もいるし、逆に美人という範疇《はんちゅう》ではないが、本当に魅力的な女性議員もいる。もちろん美人で有能な議員も存在する。

女性の持つ美しさ、とは何であろう。

いま、私たちは天璋院《てんしょういん》（篤姫）の姿形を写真で見ることができる。それは、彼女の晩年に撮られた写真である。少々気の強そうな姑《しゅうとめ》、というイメージに見えなくもない。

ドラマの中の篤姫は美しい女優が演じているから、当然そこにはギャップが生まれるわけである。

いったい、どちらのイメージが本当の篤姫なのであろうか。

顔かたちというのは、老年になっても基本的な部分は変わらないそうなので、肌の張りが失われても、どこかに若い頃の面影を必ず残している。

写真の篤姫は、広い額にかなり大きな目が印象的で、しっかりした顔つきをしている。いわゆる「お姫様顔」というよりは、現代の女性に近い。おそらく若い頃は、同時代の女性と比べてずいぶん特徴のある顔をしていたのではないかと想像できる。

しかし冒頭で触れたように、男だろうが女だろうがその容貌《ようぼう》の美醜《びしゅう》と、人物としての魅力はあまり関係がない。もっと言うと、「美男美女」ではなくても、異性として魅力的な人物は多い。いわゆる「モテる」男女が必ずしも「美男美女」とは限らないのである。

では、人間としても異性としても好かれる魅力的な人間とは、どのような人物であろうか。優しい、とか、器が大きい、偉ぶらない等々あるだろうが、最も大切なことは、「自分を持っているかどうか」、という点である。

たとえばファッション・リーダーと言った時に、その人は単に流行を追いかけているのではなく、流行の先駆けをしているのである。成功した創業社長は、他人の言うがままに働いたのではなく、「自分はこれを成し遂げるのだ」という強い意思を持っていたはずである。あるいは、ベストセラーを書く作家は、誰かの売れている小説を猿真似するのではなく、自分が訴えたい気持ちを原稿用紙に叩きつけるのである。

篤姫という人物を知れば知るほど、「自分を持った」現代的な女性像が浮かんでくる。

篤姫はどんな性格かを、島津斉彬《しまづなりあきら》が盟友・松平春嶽《まつだいらしゅんがく》に語った記録が残っている（『閑窓《かんそう》秉筆《へいひつ》』）。読み下すと、

「（篤姫は）忍耐力があって、幼いころから怒ったところを見たことがない。不平不満も言わない。肝《きも》の据《す》わった、器の大きな女性である。軽々しくなく、温和であり、人との対応能力にも優れている（人に応接するも誠に上手なり）」

これから将軍家に嫁入り、というタイミングでのことらしいので、斉彬としては篤姫を当然ながら褒《ほ》める。しかし、いくらなんでも二〇歳そこそこの女性を評する言葉としては大げさのような気もするが、逆に篤姫の人物の大きさも感じられる。

いずれにしても、本章では篤姫を一人の幕末期の魅力ある「政治家」という観点から、眺めてみたいと思う。

②どうして「大奥」は小説で評価が高いのか

天璋院（篤姫）は、何をした人物なのか。本章で扱うのは以下の二点である。

（1）島津家から徳川将軍家に嫁入りし、将軍後継者問題で一橋慶喜《ひとつばしよしのぶ》を次期将軍にするために様々な工作を行なった。

(2)戊辰《ぼしん》戦争で攻め上る薩摩《さつま》や長州《ちょうしゅう》を相手に、江戸城無血開城に側面から尽力し、さらに徳川家存続のため、働きかけを行なった。

天璋院(篤姫)が動いたこれら事象のほとんどの舞台は、「大奥」であった。

多くの小説は幕末期の大奥の活躍を過大に評価し、他方、歴史学では正当な評価を下しているとは言い難い。小説が大奥の果たした役割を過大評価する理由は、女性を主人公とした場合、その活躍を面白く描く必要があるからである。他方、歴史学で大奥の存在があまり大きな評価を得ていないのは、大奥の女性がどのような発言を行なったのか、そのほとんどが表に出てこない、つまり証拠が少ないからである。

しかし考えてみれば、たとえば何かの折の将軍とその妻との会話が、国会議事録のように細大漏らさず残るわけがない。そこに想像力の入る余地があるのである(ただし、寝床での将軍夫妻の会話は隣に控える女中たちに聞かれていた)。

本書は、政治的な視点から人物を見直すという使命を帯びている。

歴史的事実に基づかない想像は排除するが、状況証拠や後世の政治などを参考にしながら、たぶんこういうことではなかったか、という想像部分はお許し戴《いただ》きたい。

なお、篤姫は島津の分家・今和泉《いまいずみ》島津家で誕生し、幼少期は「一子《かつこ》」と称し、のちに島津斉彬の子となって「篤姫」を名乗った。続いて近衛《このえ》家養女として「篤君《あつぎみ》」、諱《いみな》（実名）を「敬子《すみこ》」と称し、将軍家正室としては「御台様《みだいさま》」と呼ばれ、夫である徳川家定《いえさだ》死去後、落飾《らくしょく》して「天璋院」となった。

以後は紛らわしさを避けると同時に、親しみを込めて、家定の生前死後を問わず「篤姫」で統一したい。

③最初から大奥工作ではなかった篤姫の輿入れ

まずは、篤姫が島津家から徳川将軍家に嫁入りした経緯から、見ていこう。

政略結婚は現代においては悪い意味にしかとられないが、江戸時代には、大名間の結婚は政略結婚以外の何物でもなく、両家の結びつきを強くする目的のために、結婚という手段が用いられた。

いわば、政治の道具として結婚が存在していたわけである（武家諸法度《ぶけしょはっと》によって、幕府の許可なき大名間の勝手な婚姻は禁止されていた）。

篤姫が将軍家正室になったことは、異例中の異例であった。それは、歴代徳川将軍家の正室を見ればわかる。

徳川三代将軍家光《いえみつ》以降、将軍家は相当な気をつかって、有力大名の娘を正室や側室にすることを避けていた。そのことで、「嫁の里」が幕政に口出しすることを防ぎたかったからである。

三代将軍・家光から十五代将軍慶喜まで、ほとんどすべて皇女や公家《くげ》の娘がその正室となっている。

例外は二人。一人は、十一代将軍・家斉《いえなり》夫人。家斉は島津家から茂姫《しげひめ》を正室として迎えた。もう一人が篤姫。

つまり、三代将軍家光以降、十一代家斉夫人・茂姫と、十三代家定夫人・篤姫を除くすべての将軍正室が、実際には権力を持たない皇室・公家からの輿入《こしい》れであったわけである。しかも例外の一人である家斉夫人・茂姫の場合は、政治的な意味がほとんどない。

茂姫が婚約した時、家斉は一橋家の当主にすぎず、将軍になる予定もなかった。だが、十代将軍・家治《いえはる》の実子である家基《いえもと》が一八歳で急逝。一橋家当主の家斉が急遽《きゅうきょ》、将軍職に就《つ》くことになったわけである。つまり茂姫は、将軍になる予定ではない男に嫁《か》したら、たまたま将軍家跡継ぎの急死で突発的に「将軍正室」になってしまった、ということ。

驚いたのは当人たちばかりではない。将軍家正室となる茂姫が島津家出身であることを幕閣や大奥、当の薩摩藩までが困惑した。

前例がない。

島津家の幕政に対する影響力が増大するのではないか。

しかし結局、島津家に嫁していた八代将軍・吉宗《よしむね》の養女・竹姫《たけひめ》の遺言で、家斉は無事将軍に、茂姫は将軍家正室（御台所《みだいどころ》）となった。

それでは、篤姫の場合はどうか。

当初、篤姫の嫁入りも政治的な意味合いは薄かった。

篤姫の将軍家輿入れは島津斉彬による政界工作の一つ、といわれている。だが、最初からその意図があったというのは、少しうがちすぎである。芳 即正《かんばしのりまさ》氏（鹿児島女子短期大学名誉教授）などが指摘されている理由は、主として二つ。

まず第一に、結婚の話は徳川幕府から島津家に打診したもので、島津斉彬が画策したわけではない。

十三代将軍家定は、篤姫を娶《めと》る前、すでに二人の正室を病で亡くしていた。

二人とも、公家出身。そこで家定の生母・本寿院《ほんじゅいん》は、武家の女性のほうが丈夫ではないか、と考えたらしい。武家ならば島津がよいと、本寿院は考えた。

すでに触れた、島津家から嫁して十一代将軍家斉の正室となった茂姫は、七二歳の長寿であった。家定は腺病質《せんびょうしつ》だと言われているから、その嫁には「健康優良児」を、という親心であろう。

篤姫輿入れが斉彬工作ではない理由の第二は、当時の島津家藩主は斉彬の父である斉興《なりおき》であり、斉彬は藩主になるためにどうするか、と懊悩《おうのう》をしている最中。しかも斉興にも斉彬にも、年頃の娘はいなかったため、そもそも話を受けられる状況ではなかった。

時代が静かに流れる時であれば、ほぼ間違いなくこの話は消えていたであろう。

しかし、黒船来航やその直後の将軍家慶《いえよし》の死去など、政治が混迷の度を深めていった時期、四三歳という遅咲きで薩摩藩主となった斉彬は、（このままでは日本が滅びる）というひじょうな危機感を持った。そこで、中央政権である徳川幕府の将軍には英明な人物をあてるのがよい、と考えたわけである。

いまふうに言えば、日本が危機なのだから、総理大臣はお飾りや派閥均衡、世間の人気などではなく、ちゃんと能力の秀でた人物がよい、ということ。

そこで島津斉彬は、様々な政界工作を行なう。篤姫の将軍家輿入れは、その一環であった。島津の分家、今和泉島津家から篤姫を斉彬の実子として迎え、重大な使命、すなわち、次期将軍に英明の誉《ほま》れ高い一橋慶喜を就任させるという使命を与えて、江戸城に送り込む決心をしたのである。

時系列で見るとわかりやすい。

嘉永《かえい》三年（一八五〇）、島津家に徳川幕府から「年頃の娘はおらぬか」という打診。

嘉永四年（一八五一）、島津斉彬が薩摩藩主になる。

嘉永六年（一八五三）三月、篤姫を将軍正室候補とするため、実子として幕府に届ける。

同年六月、ペリーが浦賀《うらが》に来航。直後に将軍家慶死去。

同年七月、老中・阿部正弘《あべまさひろ》が、黒船来航で開国を求められてきたが、「これから日本はどうすべきか」という政策について江戸幕府開闢《かいびゃく》以来はじめて諸侯に問う。

安政《あんせい》三年（一八五六）十二月、篤姫、将軍家定と婚礼。

島津斉彬が一橋慶喜を擁立しようとした理由はすでに触れた通り、旧態依然とした幕府の政治体制では、黒船来航以来の混迷する政局を乗り切れない、だから能力のある一橋慶喜を将軍にすべし、というものだった。

が、もう一つ、肝心なことがある。

嘉永六年七月に、「老中・阿部正弘が、黒船来航で開国を求められてきたが、これから日本はどうすべきか、という政策について江戸幕府開闢以来はじめて諸侯に問う」と書いた。

なぜそんなことをしたのか。

もはや、旧来の幕府体制ではとても難局を乗り切れない、であるならば、外様《とざま》も含めた有能な大名たちを幕政に参加させて、挙国一致で政治を行なおうではないか。

つまり、「雄藩《ゆうはん》連合」による政治を指向したのである。

もちろん、保守的な旧来からの譜代大名による政権運営を目指す勢力も存在したが、阿部正弘や島津斉彬は形骸化《けいがいか》した政治体制を打破しようと懸命に画策するのである。

一橋慶喜という、開明的な雄藩の藩主たちと考え方のより近い人物を将軍にすることで一気に政治権力を旧体制から奪おうというのが、島津斉彬の本当の狙いであった。

④二〇歳の篤姫が持っていた巨大な政治力のワケ

さて、こうした動きの中で篤姫に与えられた政治目的は、一橋慶喜を次期将軍に、ということを、現将軍である徳川家定に納得させ、できれば家定自身の意思として表明させることであった。

一方で、譜代大名による旧来の政権運営に固執する井伊直弼《いいなおすけ》ら保守派は、紀州《きしゅう》の徳川慶《よし》福《とみ》（後の家茂《いえもち》）擁立を策していた。

結果から言えば、一橋慶喜ではなく紀州の徳川慶福が十四代将軍・家茂となり、島津斉彬の構想は頓挫《とんざ》してしまう。

ここでは篤姫がどのような役割を果たしたのか、ということを明らかにしつつ、幕末という時代の政治状況について、見ていきたい。

ある人物の政治力、と言った場合、その人物が持っている固有の能力や資質に加えて、その人物がどういった背景を持っているか、ということが重要になる。篤姫の個人としての資質や能力は後で詳しく触れるが、まず彼女が持っていた背景について記しておきたい。

篤姫の場合、三つの強力な背景があった。

一つは、島津家。

島津家は七〇万石余という薩摩藩を支配する大大名である。江戸期には加賀《かが》の前田《まえだ》家に次いで巨大な領国を支配していた。領地が大きいということは、財力と武力が大きいということである。その強大な島津家から輿入れしたということは、薩摩藩七〇万石の代表（代理）として江戸城に入ったということ。迎える側も当然そのつもりであった。

背景の二つ目は、島津斉彬の娘、という立場である。

もちろん実子ではないが、表向き篤姫は斉彬の実子ということになっている。

斉彬は、幕末維新の名君として必ず名の挙がる人物で、すでに薩摩藩主になる以前からその英明さを噂されていた。ただ単に頭がよい、というだけではなく、開明的で実際に西洋文明をいち早く取り入れるなど、並みの人物ではない。さらに、将来に対する明確な戦略を持っていた。

「一刻も早く西洋文明に追いつき、海軍を整備し、日本を欧米列強から守らねばならない」

時代が大きく転換する時には、右往左往する人と立ち止まってしまう人と、そして果敢に時代に挑戦する人と三つに分かれる。

島津斉彬はもちろん時代に挑戦する人物であり、斉彬を中心に越前《えちぜん》の松平春嶽や土佐《とさ》の山内容堂《やまうちようどう》など、開明派と目される人々が参集してくるのである。つまり、斉彬は「開明派」という派閥の長のようなもので、同志の大名らを背景としてさらに力を強くする。その島津斉彬が、篤姫の強力な背景であった。

篤姫の第三の背景は、第二の背景に繋《つな》がるのだが、島津斉彬の最大の同盟者ともいうべき人物が幕府の中心にいた、ということである。

老中首座・阿部正弘。

阿部正弘は、島津斉彬が父親の斉興に邪魔されて薩摩藩主になかなかなれなかった時、斉彬に手を貸し、その後は考え方を共鳴させて幕政を改革していく。

この阿部正弘が、篤姫の第三の背景にあった。

わずか二〇歳そこそこの女性が、たとえ将軍家の正室という地位を与えられるとはいえ、単身江戸城に入ったところでどれほどの影響力があるのか、という問いの答えは、以上のような「背景」で説明できる。

⑤「オク」の大奥が「オモテ」の政治に介入

将軍家に輿入れ後、篤姫は折に触れて、十四代将軍に一橋慶喜を推挙すべく尽力をしていくのだが、その舞台は主として大奥であった。

大奥の政治力というものは、実際にはどの程度のものであったろうか。

畑尚子《はたなおこ》氏（國學院大学非常勤講師）は、大奥の役割について、

①家政と家の存続（世継ぎを産み育てる）

②儀礼（年中行事、将軍家人生儀礼、ご機嫌伺い、贈答儀礼）

この二点であったと指摘されている（『幕末の大奥』）。

女性がその美貌や愛情を武器に政治に関わっていくというのは、ドラマとしては面白いが、しかし実質権力は、制度の上からも明らかに徳川幕府の「表」である男性社会がガッチリ握っていたわけで、女性による政治容喙《ようかい》はそうそう起こるものではない。

しかしながら、いくつかの点で大奥の政治力が発揮される可能性があった。

一つは、大奥の役割①である「将軍家跡継ぎを産み育てる」という点にからんで、次期将軍人事に対する影響力である。

よく知られるように、戦国末期の豊臣《とよとみ》家が崩壊した最大の原因は、跡取りである秀頼《ひでより》が秀《ひで》吉《よし》死去時に幼かったためである。大名家が世継ぎ誕生を何よりも優先させたのは、それが家を継続させていくための確実な手段だったからである。

徳川将軍家も例外ではない。

世継ぎがなければ家が存続しない。つまり、政権が維持できないのである。

政権の正に根っこの部分を大奥は握っていたのである。

男子が生まれれば、生まれた順に世継ぎの権利が発生する。大奥はその出産と養育を一手に引き受けていた。言い方を換えれば、次の政権を生み出すためのシステムそのものであったのである。

そのため、たとえば将軍に世継ぎが生まれなかった場合も、大奥はその影響力を行使して将軍人事に介入した。

たとえば四代将軍家綱《いえつな》は結局子を生《な》すことがなかったため、後継者に家綱の四番目の弟（綱吉《つなよし》）か、三番目の弟の子（綱豊《つなとよ》）、いずれがよいか、という話になった。綱吉の母（桂昌院《けいしょういん》）は当然綱吉を、綱豊の祖母（順性院《じゅんせいいん》）は綱豊を推して熾烈《しれつ》な争いになった。

老中の堀田正俊《ほったまさとし》は綱吉を。

同じく老中で実力者だった酒井忠清《さかいただきよ》は、反・綱吉。

結果は、堀田正俊の働きによって綱吉が五代将軍となった。

そして、桂昌院の強力な推薦によって堀田正俊は大老に就任。酒井忠清は失脚。

三代将軍家光の側室として綱吉を産んだ桂昌院は、正に大奥の持つ政治力を全力で発揮してわが子を将軍に据えることに成功した。

ほかにも、大奥の劇的な経費削減を進めた松平定信《さだのぶ》失脚は大奥の裏工作が奏功したともいわれているし、将軍後継者をめぐる争いに大奥が権力闘争を展開したことは枚挙に暇がない。

さらに時代を少し下れば、九代将軍家重《いえしげ》の就任時。

家重は言語が明瞭ではなく、また人物としてもいまひとつで、弟の宗武《むねたけ》のほうが英邁《えいまい》の誉《ほま》れが高かった。ために、家重と宗武の後継者争いが起きたが、結局は家重が将軍の座に就くことになる。

家重が将軍に就任後、ある異常事態が起きた。家重の長男を産んだ側室・お幸《こう》の方が、その家重によって座敷牢《ざしきろう》に閉じ込められたのである。

理由は、お幸の方が反・家重派の代表格だった老中に籠絡《ろうらく》されていた、簡単に言えば、家重に歯向かった人物の派閥にお幸の方が連なっていたから、というのである。このことは、大奥が表の権力と繋がって後継者争いに影響力を行使していた一つの傍証《ぼうしょう》になろう。

⑥女性ゆえに生まれる大奥の特殊な政治権力

大奥が政治力を発揮する二つ目の可能性は、大奥が女性の組織体であることに起因する。すなわち、将軍の寵愛《ちょうあい》を受けた者がその愛情によって将軍になんらかの影響を与え、あるいは、将軍の生母が子である将軍に対して影響力を発揮するということである。

五代将軍綱吉が、母である桂昌院の影響下で「生類憐《しょうるいあわれ》みの令」を出したのは有名な話である。

ロナルド・レーガン大統領が、ナンシー夫人の推奨する「占星術」によってホワイトハウスの日程に絶大な影響を与えたことは有名で、首席補佐官はこの「占星術」問題で夫人と対立し辞任した。また、クリントン大統領の妻・ヒラリー夫人は、歴代ファースト・レディーの中でも際立って政治に影響を与えている。

ヒラリー夫人はクリントン大統領から「医療保険改革問題特別専門委員会」の委員長に任命されて、医療保険計画の答申を出した。答申自体は議会の反対で翌年廃案になったが、彼女はクリントン政権のいわゆる名誉職的お飾りではなく、実際に政策を立案・遂行する能力と実行力を持っていたのである。ただしそれも、夫であるクリントン大統領が容認し、積極的に応援しなければ実現はしていなかったであろう。なぜならば、政治家の夫人は選挙で選ばれたわけではないから、政治力を発揮するのは非公式的なものであって、選挙で選ばれた夫の許可なく勝手に動くわけにはいかない。

夫はなぜ、夫人の公的活動を認め、支援するのか。

第一に、民主国家の選挙において、政治家の夫人の活躍抜きにその勝利は語れない、という現実がある。政治家の夫は妻に頭が上がらないケースが多い。

第二に、妻がやりたいことについて、夫として応援するというごく普通の、愛情がある。男女間のこうした効果は従来政治学でもあまり扱われてはいないが、選挙を取材してみれば、妻の存在抜きに政治を語ることなど不可能だということがわかる。

もっとも、クリントン夫妻の夫婦関係は日本人的感覚でいうと「?」な部分が多いのだが、それにしても、ヒラリー夫人は夫に影響力を持っていたことは歴然たる事実である。

大奥が子どもを産み育てるということで、後継者選びに影響力を持ったこと、そして、女性の組織ゆえの、家族愛、夫婦愛、男女愛を通じての影響力行使、この二点は、徳川幕府が崩壊するまで程度の差はあれ、存在していた。

⑦篤姫が島津斉彬《しまづなりあきら》の意向に反した?

では、篤姫はどうであったか。篤姫の立場に立って考えてみよう。

篤姫に与えられた政治目的は、聡明で知られていた一橋慶喜を次期将軍に据えることであった、とすでに触れた。そのためには将軍家定と良好な関係を築かねばならない。

伝えられるところによれば、篤姫と家定は様々な思惑を超えて信頼し、愛し合ったようである。

さて。愛し合っている新婚夫婦の間で、次のような会話は成り立つであろうか。

「あなた、そろそろ家の跡継ぎを誰にするのか、考えなければいけませんね。親戚の慶喜さんは、頭もよいし、如何《いかが》ですか？」

会社社長の後継者ならば、あるいは成り立つかもしれない。しかし、自分の家の跡継ぎである。いくら身体が弱いとはいえ普通に生活をしている夫に対して、こんなことは言えるものではない。第一、自分たちの間に子どもができないと、新婚早々に言い切る嫁はいないであろう。

政治工作を行なう上で最も大切なことは、自分が動かすべき相手から絶対的な信頼を得ることである。こんなことを言えば、夫である家定との信頼関係など簡単に消し飛ぶ。

安政四年（一八五七）正月、篤姫の婚礼から一カ月も経たない頃、島津斉彬は、「天皇からのご命令（勅許《ちょっきょ》）によって、一橋慶喜を次期将軍に」と、篤姫の養父である近衛忠熙《ただひろ》らに説いていた。

篤姫はその翌月、島津斉彬の朝廷工作を知り、次の手紙を養父の近衛忠熙に書き送った。

「一橋慶喜を後継者にする、という天皇のご命令（勅許）を、下さないでください」

島津斉彬とまったく逆のことを、近衛忠熙に向けてお願いしているのである。

篤姫が、敬愛し尊敬する「父」島津斉彬と逆の行動をとった理由は、以下のことではなかったか。

第一に、将軍家定はまだ若く、決して丈夫ではなかったが、寝たきりのような状況ではない。つまり後継者について語ることは、家定亡き後を語ることで、家定にしてみれば面白いはずがない。このような話をすれば家定の反発を受ける可能性が高い。

第二に、家定と篤姫は結婚したばかりで、子を生す期待が多少なりとも、本人たちや大奥にあった。にもかかわらず次期将軍について話をすることは、篤姫がまるで家定を「男」として見限っているかのようにとられる。

第三に、一橋慶喜擁立に反対する勢力は、紀州の徳川慶福を担ごうとしていた。つまり、すでに反対勢力が存在し政争になっていたわけで、事は慎重を要する。とくに、家定の生母・本寿院は反・一橋慶喜であり、家定が生母の意向を無視する可能性は低かった。

篤姫は名君・島津斉彬が「これぞ」と確信をして江戸城に送り込んだ女性である。島津斉彬の意向に反する行動をとるわけがない。

篤姫は事態の変化や環境をよく観察し、見通しを立て、自らが主体となって動いたということではなかろうか。

・一橋慶喜を後継者にするには、家定の意向が重要である。
・家定を説得するには、家定の信頼を得なければならない。

・そのためには、家定の存在や男としてのプライドを傷つけてはいけない。
・家定に影響力のある生母も一橋慶喜擁立に反対の立場である。
・いまは性急に事を運ばず、家定の信頼を繫ぎ止めつつ、時期を見るべきではないのか。

篤姫から近衛忠煕への手紙に、何度も将軍家定からの手紙も添えられていた、という事実などから考えて、篤姫は家定の信頼を得ていた可能性が高い。

もちろん結果として、一橋慶喜は十四代将軍にはなれず、対抗馬の紀州・徳川慶福が徳川家茂として将軍になったわけで、あるいは島津斉彬の朝廷工作などをもっと強力に推し進めれば違う結論になったかもしれない。そういう目で見れば、篤姫の政治判断は甘かったと言わざるを得ないであろう。

ただし、篤姫が島津斉彬の操《あやつ》り人形として、ただ言われたことを従順に行なったのではなく、自ら考え、自ら判断し、自ら行動したところに、彼女の政治家としての才能をかいま見る思いがする。このような合理的な判断は、凡庸《ぼんよう》の人物にはできないことである。

現に、島津斉彬が大奥工作のため篤姫の側に付けた老女・幾島《いくしま》は、篤姫のこの時の行動に批判的であったようで、にもかかわらず篤姫が「我が道」を行ったというのは、大した胆力である。

2、江戸城無血開城を成し遂げた篤姫の政治力

①「和宮《かずのみや》さまのほうが少し上品」

日本では女性の政治家というのは、いわゆる「女性運動家」という視点から評価をされているが、最近では自民党総裁選挙に女性候補が立つなど、いよいよ総理の座に近いところに位置するようになった。

海外ではたとえば、二〇〇八年アメリカ大統領選挙の共和党副大統領候補としてサラ・ペイリンが、また、パキスタンでは暗殺されたが、ベナジル・ブット、さらにオレンジ革命で有名になったウクライナのユリア・チモシェンコ。

偶然かもしれないが、彼女たちは能力もさることながら、その政治姿勢や行動がなまじの

男性政治家よりも激しく雄々《おお》しい。

もちろん、取るに足らない見てくれだけの女性政治家も多い。あえて名前は伏せるが、一時期は「次の総理大臣に誰がふさわしいか」アンケートで上位に出てきた二世議員のお騒がせ女性政治家もいる。そういう、流感のような政治タレントは無視するとして、歴史に名を残す女性政治家は、大胆で合理的で信念を曲げない強い政治家である。

マーガレット・サッチャーは、イギリス始まって以来最初の女性首相だが、彼女もまた大胆で緻密《ちみつ》で信念の政治家であった。

約一年におよぶ強硬《きょうこう》な炭鉱労働組合のストライキにも妥協せず、「ムダをはぶいて、人々が自由にその能力を発揮する社会をつくる」という理想のために戦い抜いた。

もちろん現代と幕末では価値観も環境も違うから単純には比べ難いが、信念と行動力という点で、篤姫は彼女たちと比肩《ひけん》に値すると考える。

その篤姫の最後の政治的行動ともいえるのが、江戸城無血開城、徳川家存続運動であった。

ここで篤姫は、十四代将軍家茂の正室、皇女・和宮と歩調を合わせることになるので、諸々申し上げる前にまずは二人のエピソードを記しておきたい。

明治維新からしばらく経った頃のこと。

勝海舟《かつかいしゅう》の家に、篤姫と和宮が揃って訪問をした。

食事時になって、勝が席を外した。少し経って、篤姫たちと一緒に客間にいた女中が、困った顔をして勝のところへ飛んできた。

「お二人とも、お食事をなさいません」

勝が慌《あわ》てて席に戻ると、篤姫と和宮が互いに、何やら言い合いをしている。

勝が後に語ったままを記すと、二人はこんなやりとりをしていた。

「私がお給仕をしますはずです、それを、あなたから、なさろうとなさいますから」

要は、自分にお給仕をやらせてほしいと争っているのである。

勝はお櫃《ひつ》を二つ出して、「サ、天璋院（篤姫）さまのは、和宮さまがなさいまし、和宮さまのは、天璋院さまがなさいまし、これで喧嘩はありますまい」と、まるで大岡裁きのようなことをやった。すると、「安房《あわ》（勝）は利口ものです」と、二人は大笑い。

勝の家から、篤姫と和宮は同じ馬車で帰ったという（『海舟余波』より）。

ご存知の通り、和宮と篤姫は嫁・姑関係であり、二人とも徳川将軍家に正室として嫁して、しかも互いに若くして未亡人となり、そして徳川の世の幕引きにも役割を果たすという奇縁で結ばれている。

当初、二人の仲は、険悪といってよいほどであった。一例を示せば、嫁である和宮が姑の篤姫に対して贈り物をした時、そこに「天璋院へ」と書かれていた。呼び捨てである。和宮は天皇の娘、すなわち皇女であり、篤姫なにするものぞ、という意識が強い。加えて京都に生まれ育ったために、京様式にどっぷりつかっている。

かたや篤姫は、島津の分家の出で、気性活発にして溌剌《はつらつ》とした人物像が伝えられている。口の悪い勝が「和宮さまのほうが少し上品」（『海舟座談』）と評しているから、およそ和宮と篤姫は性格から何から、対照的であった。

しかし、やがて二人は互いに理解し慈《いつく》しみ合う仲になっていくのである。平穏無事な世であれば、二人の邂逅《かいこう》はなかったかもしれない。しかし時代の渦が、二人を一致協力させずにはいられなかったのである。

「婚家の危機」

「夫の家である徳川を守る」という共通の目的、共通の利害が生じたことによって、両者は当初の感情的な反発から、親密な信頼関係に変化したのではないか。

人と人との親密度や好き嫌いというものは、理屈や政策や思想などを遥かに超えて政治に影響を与える。そして、ささいな感情のもつれや理屈抜きの好意は、簡単に事を破滅的にも建設的にもする。

もし篤姫と和宮が終生仲違《なかたが》いしていたならば、江戸城の無血開城は難しかったかもしれない。そうなれば幕末史は別の展開を見せ、近代日本にも少なからず影響が出たであろう。

②江戸を火の海から守った篤姫人脈

江戸城に三年間も将軍が留守していなかった、と聞いて、よくそれで政治が動いたものだと思うのだが、その三年間、つまり慶応《けいおう》元年（一八六五）五月から同四年（一八六八）正月までは、政治と騒乱の中心は江戸ではなく京都であった。

この間、何が起きていたのか。

十四代将軍家茂は長州征伐に出掛け、そのまま大坂城で病没。十五代将軍には一橋慶喜が就任したが、京都・大坂に滞在。大政奉還《たいせいほうかん》などの大仕事をすることになる。

江戸城は、主がいない。いない主の代わりを務めたのが、前将軍の正室・和宮と、元将軍の正室・篤姫であった。とくに実務能力のあった篤姫は、将軍留守の間の江戸城内で発言力を増し、老中などと頻繁に接触していた。

慶応四年（一八六八）正月、鳥羽伏見《とばふしみ》の戦いで幕府軍は敗れ、徳川慶喜は側近だけを連れて江戸に逃げ戻った。

ここからは、慶応四年を時系列で追っていくと、わかりやすい。

一月十二日、徳川慶喜江戸到着。篤姫と面会。引退後の徳川家相続人について相談。

十五日、徳川方の主戦派である小栗忠順《おぐりただまさ》を罷免《ひめん》。

二十一日、和宮、使者を京都に遣《つか》わす。

二月初旬、恭順《きようじゆん》を示すため幕府首脳陣解任。

二月十二日、慶喜、上野寛永寺《うえのかんえいじ》に謹慎。江戸城での徳川の家政相談役に篤姫、和宮。

二月二十一日～三月にかけて、輪王寺宮《りんのうじのみや》や山岡鉄舟《やまおかてつしゆう》らが江戸総攻撃を企図する東征軍《とうせいぐん》へ向けて和平の遣い。

徳川方は懸命になって、慶喜の助命嘆願、徳川家存続を働きかける。

しかし薩摩藩や長州藩を中心とした東征軍はお構いなしに江戸総攻撃を決定する。

東征軍にしてみれば、「いまさら何を言う」ということであろう。一方の徳川方にしてみれば、「慶喜公は恭順の態度を示しているのだから、これ以上無益なことはしないでほしい」ということである。

歴史上、山岡鉄舟が駿府《すんぷ》で西郷隆盛《さいごうたかもり》と会うことができ、そこで降伏する条件が話し合われ、最後は勝海舟と西郷との会談で江戸城無血開城が決まったことになっている。

もちろんそれは事実であるが、じつは二月下旬、篤姫から西郷隆盛に向けて書状が発せられている。そして、西郷・勝会談が行なわれる直前に、西郷は篤姫からの書状を手にした。それは、「もしこのまま徳川が滅びるようなことがあれば、私（篤姫）はあの世で家定さまに合わせる顔がない」という、徳川家存続を訴えるものだった。

かつて篤姫を江戸城に送り込んだ島津斉彬は、まず幾島という女性を篤姫の老女として付け、西郷隆盛を仲介として大奥の情報を受け取っていた。つまり、篤姫と西郷は、一橋慶喜擁立という同じ目的のために働いていた同志である。ついでに言えば、篤姫が輿入れする際の道具類を調《ととの》えたのは西郷であった。

しかも、互いに亡き島津斉彬を敬愛している。

西郷にとってみれば、篤姫は、無名で身分の低かった自分を引き上げてくれた人生最大の恩人・島津斉彬の「娘」である。様々な思いが去来したに違いない。

戦時における和平の決定は、ひじょうに難しいと言われている。

勝っている側から、和平は持ち出さない。もし勝っていて和平を持ち出すとすれば、それは戦争の目的を達した場合か、日露戦争時の日本のように継戦能力が限界に近い場合である。

基本的には負けている側が「もう勘弁してください」というわけだが、勝っている側からすれば当然、「もっと押していけば、完全勝利になる。徳川を木っ端みじんにしてやる」と考える。

日中戦争では日本側も中国側も、和平の道を探っていた。が、日本側には「中国軍など叩けばいくらでも勝てる。和平の必要ナシ」という論調があったし、一方の中国側にも、「日本に妥協するなど、売国奴のすることだ」という強硬意見があって、最終的な和平は実現しなかった。

薩摩や長州などを中心とする反・徳川の官軍側は、とにかく突き進むのみという態度に終始している。そこに、和宮をはじめとする皇族出身者は朝廷に、また、薩摩出身の篤姫は薩摩藩の西郷に嘆願をし、そして西郷と旧知の勝海舟は山岡鉄舟らを使って西郷との会見をセットする。多方面から和平に対する嘆願が届き、ついに江戸総攻撃は止んだ。

東征軍の実質的な責任者は西郷隆盛。そこで、畑尚子氏が指摘しているように、

「天璋院の書状が西郷の気持ちを揺り動かした」（『幕末の大奥』）

という見方ができる。

もちろん西郷にとっては、旧主の娘からの手紙という「情」の部分もあったろうが、江戸

を総攻撃してどれだけの被害が自軍に出るのか、どれだけの費用が攻撃に必要か、攻撃後の復興にどれだけの手間がかかるか、そういったことも勘案《かんあん》したはずである。というのも、官軍はとにかくお金がなかった。

この後、北海道での「箱館《はこだて》戦争」まで戦い続けるのだが、時々進軍が遅くなったり停止したりする。それは軍費が足りなくなったからで、明治新政府が富国強兵を目指した原因の一つは、あまりの貧困な財政を立て直すという目的があったのである。

西郷は次に、では仮に江戸総攻撃を止めたとして起きる事態を考えた。一番困るのは、徳川方の指揮命令系統がまともに働かず、江戸城攻防戦などということにならないであろうか、という危惧《きぐ》である。平和的解決が決定した後の戦いほど無益なものはない。

そこで、篤姫の存在がクローズアップされてくる。

すでに触れたように、実質的に江戸城の差配《さはい》をしていた最高権力者は篤姫であった。そのことは西郷の耳にも当然入っていたはずである。

官軍は天皇の軍隊である。ならば、和宮は孝明《こうめい》天皇のご息女であるから、和宮からの嘆願のほうが効き目があるはずである。しかし、スムーズに終戦処理をしたい西郷にしてみれば、江戸城を実質支配している篤姫からの和平嘆願は大きな意味を持っていた。

いかに高邁《こうまい》でいかに人物として優れていようと、政治的影響力のない人物からの申し出には政治的影響力はない。

篤姫に「江戸城実効支配」という政治力があったからこそ、その嘆願は生きたのである。

③終生、徳川慶喜《よしのぶ》を嫌っていた篤姫

維新後、篤姫は徳川家の跡継ぎである徳川家達《いえさと》の養育に力を入れ、一方で、大奥時代にはできなかった市井の愉しみを勝海舟の案内で満喫していた。

「天璋院のお伴で、所々へ行ったよ。八百善にも二、三度。向嶋の柳屋へも二度かネ。吉原にも、芸者屋にも行って、みんな下情を見せたよ」

「シャツを見て、あれは何と云うものだと聞いて、帰りに二ツ三ツ買って帰ったら、直きにそれをしたよ。初めは、変だったが、もう離せないと言うようになった」

日傘《ひがさ》で気取るよりも、蝙蝠傘《こうもりがさ》を杖にして、「どうも、日傘よりもよい」などと言って平気な顔をしていたというから、元々竹を割ったような、さばけた性格なのだろう。

篤姫は島津斉彬から日本の危機を救うために江戸城に送り込まれたが、結局のところ、果たした役割は徳川を存続させただけのこと、かもしれない。しかし、江戸城総攻撃という未《み》曾《ぞう》有の大惨事を防ぎ、失われていたかもしれない人命を救い、しかも官軍の損害も減らしたことで新政府樹立に間接的に貢献したことは、「日本の危機を救う」という使命を、ある意味で果たしたことになるのではないか。

二二歳で結婚し江戸城に入り三四歳で江戸城を明け渡すまで、激動の一二年間。いまで言えば、大卒の若い女性がいきなり国家の命運を賭けた政治工作の真っ只中に放り込まれ、二四歳で夫を失い、三四歳で押し寄せる軍勢相手に和平をねじ込んだわけである。

立場が人をつくるというが、歴代徳川将軍家の正室を眺めてみても、そして時代背景などを差し引いてみても、篤姫は極めて高い能力を持った女性であったことは否定できない。

蛇足だが、篤姫は徳川慶喜を終生嫌っていた。

あれほど必死になって将軍職に就けようとし、また、江戸城無血開城時にはその助命嘆願にも一役買いながら、性格的にまったく合わなかったようである。

徳川慶喜というのは、勝海舟に言わせれば、「しょせん女なんかに何がわかる」という態度を取り続けていて、しかもエリート臭が抜けなかったから、人の気持ちを察するタイプの篤姫には鼻持ちならなかったのだろう。

歴史の皮肉、ではある。

第2章

坂本龍馬の政治力

1、政治家・坂本龍馬《さかもとりょうま》は、どうやって世の中に出ることができたのか

①けた外れの人間的魅力と政治家としての甘さ

歴代外務大臣の中でただ一人、外務省の敷地内に銅像が立っている人物がいる。陸奥宗光《むつむねみつ》。

明治期、条約改正などで大活躍する陸奥は、坂本龍馬の懐刀《ふところがたな》として海援隊《かいえんたい》で龍馬を補佐した。その陸奥が龍馬からこんな言葉を聞いたという（『幕末維新の元勲 青年坂本龍馬の偉業』）。

「今日両刀を脱し去りて飯の喰える漢《おとこ》は自分と陸奥陽之助《ようのすけ》（宗光）あるのみ」

侍をやめて生活していけるのは、龍馬自身と陸奥宗光だけだ、というのである。

これは陸奥から直接聞いた話として記録されているから、嘘ではないであろう。「飯の喰える漢」とは、単に生きていけるというだけではなく、侍でなくても大成功を収める、という意味が含まれている。

坂本龍馬はなにせ三三歳という若さで亡くなっているから、なんとも断定はできないが、もし生き長らえていたら政府要人になったのか野党の大立者になったのか、三菱のような海運から財閥に発展させたのか、それともユニークな軍人として軍の近代化に資したのか、さらには勝海舟《かつかいしゅう》の私塾で塾頭をしたように見事な私学の創設者になったのか、想像は尽きない。

これほどその後の人生について、想像を膨《ふく》らませられる人物は、同時代の人々の中では希《まれ》である。

つまりは、スケールが大きいのである。

龍馬の生前の功績については、「大したことはなかった」という人もいれば、「維新回天《いしんかいてん》は龍馬によって為《な》された」という人もいる。しかし彼が同時代の人々と比較して、けた外れのスケール感を持った人物だったという点だけは、異論なかろう。

以下、「では政治家としての龍馬はどんな存在だったのか」という視点を通して、龍馬像に迫ってみたいと思う。

坂本龍馬は、政治家としてどんなタイプなのか。近代以降の政治家で、龍馬に似た政治家はいるのであろうか。

結論から言わせてもらえば、龍馬に似た政治家はほとんどいない。

たとえば、土佐《とさ》という地方の、しかも郷士《ごうし》という低い身分から志士として中央政界に躍り出た部分だけを見れば、赤貧の中、平侍から後に大蔵大臣、総理大臣にまで登り詰める薩摩《さつま》の松方正義《まつかたまさよし》や、足軽からやはり総理になる伊藤博文《いとうひろぶみ》、一時は奴隷として売られた高橋是清《たかはしこれきよ》などが挙げられるが、いずれも坂本龍馬的かと言えば、そうでもない。

高橋是清は明治から昭和にかけての政治家・財政家の中では、出色のスケール感を持っており、役人勤めも苦手だった点など共通のことは多いが、やはり龍馬ほどの破天荒さはない。

亀山《かめやま》社中、海援隊という、半ば政治結社、半ば海運・商事会社を運営した点のみを見るとどうであろうか。

世界最大規模の海運会社（三光汽船、後に倒産）を育て上げた河本敏夫《こうもととしお》・元通産大臣や、日本国郵便蒸気船会社（後の日本郵船）などをつくった渋沢栄一《しぶさわえいいち》、西武グループ創設者で衆議院議長になった堤康次郎《つつみやすじろう》、東急の祖で、東條《とうじょう》内閣の運輸通信大臣を務めた五島慶太《ごとうけいた》などがいるが、いずれも、その会社は「政治結社」という色合いではなく、渋沢の場合は政治から距離を置いていくし、西武の堤や河本敏夫などは、商売で成功を収めたことを背景に政治の世界に入る、という経緯である。

商売を通して政治目的を達成しようとした龍馬とは、どうも違う。

人物としての性格はどうか。

開けっ広げ、明朗快活、大雑把《おおざっぱ》だが肝心なことは理解する、私利に走らない、等々は、およそ人から好かれるリーダーの資質のオンパレードである。

龍馬一八歳の時。四万十川《しまんとがわ》で土手普請の現場監督のようなことをやった。そこで、人夫たちはこんな会話を交わしたという（『幕末維新の元勲　青年坂本龍馬の偉業』）。

「なあ、おい、坂本の旦那（龍馬）に使われていると、ズンズン仕事が進んでいく。いったいどうしたわけかのう」

「その代わり、仕事を終えて家に帰ると、身体がクタクタになっている。仕事をしている間はちっとも苦しいとは思わぬのだが」

「あれが人間使いの名人、というがじゃろう」

「ほんとに人間使いか、人形使いの名人じゃ」

人夫たちは友だちのように龍馬の周りに寄ってきたというから、よい意味で脇の甘い、人なつこい性格であったのだろう。

他の幕末第一期の志士たちは、たとえば吉田松陰《よしだしょういん》や橋本左内《はしもとさない》など、思想や学問では龍馬の及ぶところではないが、彼らは政治家というよりは思想家であり、政治家としての資質はあまり持ち合わせていない。

そういう意味では、薩摩の西郷隆盛《さいごうたかもり》を盟主とする「精忠組《せいちゅうぐみ》」に属した有馬新七《ありましんしち》など、龍馬に近い資質を持っている人物も見受けられる。

しかしこれも、龍馬と同列同類に論じられない。

有馬新七は後に、京都・寺田屋で討幕のための暴発寸前に同じ薩摩の人間に斬殺《ざんさつ》されている。いわば、薩摩藩内の過激派のリーダーだった。彼にはグループをまとめる魅力や行動力はたしかにあったが、時流を読む力、権力に入り込む力、未来を見据えた政策立案能力、こうしたものは欠けていたのではないか。

もし龍馬と同じ資質の人間をあえて示すとすれば、それは薩摩の西郷隆盛であり大久保利通《おおくぼとしみち》であり、長州《ちょうしゅう》の高杉晋作《たかすぎしんさく》であり木戸孝允《きどたかよし》である。彼らに共通しているのは、無闇矢鱈《むやみやたら》に「尊皇攘夷《そんのうじょうい》」を叫んで暴走したのではなく、政治目標を掲げて、その実現のために組織を強化し藩内外で政治力を高めたという点が挙げられる。

しかしそれでもなお、違和感がある。

西郷や大久保と、坂本龍馬はやはり違う。何が違うのかと言われても、ピシャリと言い当てられないが、あえて言えばそれは、けた外れの人間的魅力と政治家としての甘さではなかったか。この二点は同時に、龍馬を短命に終わらせた理由であり、龍馬が短命にもかかわらず後世まで名を残した理由でもある。

まずは、龍馬がいかにして影響力を持つ人間になっていったのか、そのあたりから見ていきたい。

②次々と要人を紹介される不思議

「わらしべ長者」の話をご存知だろうか。

わら一本を持って旅に出た男が、物々交換を重ねてやがて大金持ちになる、というおとぎ話だが、政治家にはこの「わらしべ長者的幸運」が絶対に必要になる。

徒手空拳《としゅくうけん》の人物が政治の頂点を目指す時に必要なのは能力や金銭であると同時に、それらを活かすため、自分を引き上げてくれる人物の存在である。

政治家・坂本龍馬にとって最も大切な人物は誰であったかと問われれば、私は躊躇《ちゅうちょ》することなく勝海舟を挙げる。それは、勝海舟が龍馬を「わらしべ長者」にしてくれた人物に他ならないからである。海援隊をつくるための基礎も、薩摩や長州との繋がりも、勝を抜きにしては語れない。

その勝海舟を龍馬に紹介してくれたのは、越前《えちぜん》福井藩の前藩主・松平春嶽《まつだいらしゅんがく》である。松平春嶽は十二代将軍徳川家慶《とくがわいえよし》の従兄弟であり、当時の政界の実力者であった。身分制度の厳しい江戸時代に、このような人物に直接会って話をする機会を得るというのは、簡単なことではない。

まして龍馬は、土佐藩を脱藩した身である。

脱藩は、江戸時代においては死罪に値する。そんないわば罪人が政界実力者の前大名に会うことができたのはなぜなのか。

それは、龍馬と共に松平春嶽に会いに行った人物が当時の土佐藩の実力者であった、という説と、千葉《ちば》道場の千葉重太郎《じゅうたろう》の紹介があった、という説があるが、いずれにしても、「龍馬を松平春嶽に会わせたい」という気持ちがなければ実現しなかったであろう。

龍馬に会った松平春嶽は、やはり龍馬を面白い人物と見て、開国して強い日本をつくるのだという持論を唱えていた横井小楠《よこいしょうなん》と、咸臨丸《かんりんまる》で太平洋を横断し外国を見聞してきた幕府高官の勝海舟を紹介した。

勝と会って勝にほれ込んだ龍馬は勝に弟子入りし、その後、勝が海軍創設をするために「神戸操練所」をつくるが、龍馬はこの塾頭となって指導を行なった。

もし、龍馬に神戸操練所時代がなければ、あるいは海援隊はできなかったかもしれない。なぜなら、海援隊の主要人物はこの神戸操練所時代に集まった人々であるからだ。

龍馬はさらに幕閣や、薩摩の西郷隆盛、長州の桂小五郎《かつらこごろう》（後の木戸孝允）らと次々に面識を得ていくが、いずれも勝海舟の紹介やあるいは勝海舟によって得られた人脈を自らの人脈として活かし、実現している。

「○○に会ってみないか」

というのは、政治家に限らず、人生を切り拓くありがたい申し出である。

たとえば、生きていく上で一時的にお金を都合するのは、そう難しいことではない。しかしお金を得ることよりも大切なのは、そのお金を持ち続けることである。持ち続けるには人から信用されて仕事を継続的に任されたり、政治家で言えば必要な時に用立ててくれる人を見つけることである。

人との繋がりや信頼関係がなければ、人間は基本的に生きていけない。

人と出会う、ということは、徒手空拳の人間にとって一時的なお金よりも遥かに大きな財産である。まして龍馬が出会った人々は当時の一流の人物である。

そこから得られたものは二つ。

一つは、後々龍馬が活躍する上で欠かせない人との繋がりである。一般的に言う「人脈」である。

第二は、一流の人物たちと出会って、自らを磨くことができた、ということである。

それはたとえば、龍馬が西郷隆盛と出会って受けた影響などが言えよう。

「少しくたたけば少しく響き、大きくたたけば大きく響く。もしばかなら大ばかで、利口なら大きな利口だろう」

勝海舟が龍馬から聞いたという、西郷隆盛の印象である。西郷の寡黙《かもく》で釣り鐘のような重圧感を龍馬は感じ取ったに違いない。二〇代半ばまでの龍馬の、どちらかというと「軽躁《けいそう》」なイメージが、二〇代後半からぐっと重みを増してくるのは、西郷のような人物からの影響も大きかったのではなかろうか。明治になって勝海舟は、

「なんとなく冒しがたい権威があって、よい男だった」

と、龍馬を評している（『氷川清話』）。

また、幕臣の大久保一翁《おおくぼいちおう》からは「大政奉還論《たいせいほうかん》」を聞かされ、横井小楠や勝海舟からは開国論を聞いている。学問的には未熟であった龍馬は、こうして様々な当代一の知識人、政治家のエキスを吸収して、自分を磨き上げていったのである。

③人生は能力よりも性格で決まる

龍馬を紹介するほうには、それなりの責任が生じる。

紹介して時間をとって会ってもらったのはよいが、取るに足らない人物だったり話がまったく噛み合わなかったりすれば、それは会わせた人の責任になる。

そこでふと思うのは、脱藩直後の龍馬は決して高い見識や政局観を持っていたとは考えられず、もし人に紹介しても、勝にとっても相手にとっても、あまり得をする人物ではなかったはずである。だとすれば、勝海舟らはいったいなぜ龍馬を人に紹介したのであろうか。

それはおそらく、「見込みがあった」からであろう。

『氷川清話』に出てくる話で、現在では「勝のつくり話」といわれる部分がある。縮めて言うと、「龍馬は私（勝）を斬りにきたが、私の話を聞くと感心して、逆に『弟子にしてほしい』と頼むので、すぐに書生にしてやった」ということなのだが、勝に龍馬を紹介したのは松平春嶽で、春嶽が危険を承知で龍馬を紹介するわけがない。これは勝一流の比喩《ひゆ》である。

つまり、松平春嶽からの紹介状を持ってきた男（龍馬）は、着るものにも頓着《とんちゃく》しない変なやつで、しかも話をしているとどうも過激な議論になる。ことによっては自分（勝）を斬りかねない勢いだ。けれども、どこか面白い、憎めないところがある。そしてこちらが外国の話などをすると、素直に理解する。龍馬は誰に対しても素直なのである。よいことだと感じれば敵ともその場で握手する迫力があり、悪いことだと思えば味方でも平気で罵倒する。素直だから恨まれないし、素直だから好かれる。

どんなに能力があって優秀でも、素直さのない人間は絶対に大成しない。逆に、素直な人間はかなりの確率で大成する。

自分は何でも知っているのだ、という態度をとったり、単に年下だからという理由で敬意を払わなければ、「だったらご勝手に」となる。誰も協力してくれないし、誰も助けてくれない。もちろん、「こいつを引き上げてやろう」などとは思われない。

同時代の佐久間象山《さくましょうざん》が、あれほどの学識を持っていながら結局不運な最期を遂げるのは、その性格があまりにも傲慢《ごうまん》であったからだと言われている。

坂本龍馬が勝海舟を魅了した大きな理由の一つは、素直さではなかったか、と思う。熱い情熱がありながら、決して自説にこだわらず、相手のほうが正しいと知ればすぐその場で意見を変えられる勇気。そしてもちろん、相手の話を理解する能力。勝は、龍馬の素直さと能力二つを評価して、「こいつは見込みがある」、と、他者へ紹介をしたのである。

人間はそもそも、本来持っている能力に大きな差はない。

物事を理解する能力が人並みでありさえすれば、誰もが限りない成長の可能性を秘めている。わからないことを「わかろう」と努力する人とそうでない人に差が出るのは当然である。

人生は能力よりも性格で決まる。人の話を素直に聞こうとする態度があれば、能力はいかようにも伸びるのである。龍馬はまさにそのお手本のような人物であった。

よく「最近の政治家は、政策については官僚並みによく知っているが、人物は小粒になった」と言われるが、それは、自分が学んできた以上のものを他人から吸収しようという政治家が少なくなったことによる。いわゆる「裸の王様」状態。とくに偉くなると周りが気をつかってよいことしか言わないから、とんでもなく幼稚な政策を「すごいだろう」「はい、すごいですねぇ」ということになる。某政党の党首が唱えている国連中心主義の安全保障政策などはその典型である。国連という不完全な組織に自国の安全保障を連動させたらどうなるのか。学生でも理解できる理屈がわからない。

他人から知識を得ようとすること、そして、自説が間違っていたら素直に変更する勇気、こうしたものがないことが、坂本龍馬に比肩《ひけん》するだけの政治家がほとんどいない一因であろう。

2、薩長同盟の政治力

①長州藩士の下駄《げた》に書かれた会津《あいづ》と薩摩

日本初の「軍歌」を、ご存知だろうか。

「宮さん宮さん」という曲である。その一番の歌詞。

一天万乗《いってんばんじょう》の　みかどに手向かい　する奴を

狙い外さず　ドンドン撃ちだす　薩長土

なんともすさまじい勢いの歌詞である。

作曲は長州の大村益次郎《おおむらますじろう》という説があるが、じつは、同じ長州の井上馨《いのうえかおる》と恋仲だった京都祇園の「勤皇芸妓《きんのうげいぎ》」、中西君尾《なかにしきみお》の作だとも言われている。大村益次郎作というのは、この曲があまりにも有名になったために後世つくられた話で、君尾作というのが真相であろう。

作詞については、長州の品川弥二郎《しながわやじろう》ということで間違いなさそうである。

品川弥二郎は吉田松陰の松下村塾《しょうかそんじゅく》出身だが、塾ではどん尻の成績であった。が、吉田松陰は品川弥二郎を買っていたようで、松陰から見た弥二郎は、「心が広く、正直、温厚で、うわべを飾らない」と手放しで褒《ほ》めている。吉田松陰は褒め上手だが、人を見る目は鋭かったので、まずこの人物評は当たっていると見るべきであろう。

ただし、温厚といわれた弥二郎は松陰亡き後、どんどん過激化していく。まっすぐな性格がそのまま行動として現われ、攘夷のための外国公使館襲撃にも積極的に参加した。

純粋で、行動的な尊皇攘夷思想の持ち主。つまり当時の長州藩そのものと言える品川弥二郎が、ある時下駄に何やら書き込んで履《は》いていた。見るとそこには、

「薩賊会奸」

と墨痕鮮《ぼっこんあざ》やかな文字が。

「賊である薩摩、奸物《かんぶつ》の会津」、憎むべき薩摩藩と会津藩めッ、という意味である。

なぜ下駄に書いたのかといえば、その文字を足で踏みつけるためである。どれほど品川弥二郎が薩摩と会津を憎んでいたかがわかる。

それは弥二郎に限ったことではない。長州藩のいわば「世論」として、誰もが持っていた憎しみであった。

なにせ薩摩藩は徳川幕府の出先である京都守護職の会津藩と一緒になって、勤皇の旗印を掲げる長州と対立し、「八月十八日の政変」や「禁門の変」では長州藩の軍勢を破って京都から追い出した張本人なのである。

長州藩にとっては、薩摩は、あの憎き新選組の上部組織である会津藩とまったく同じ存在であり、そこに妥協の余地はなかった。

私たちは、彼らにとっては遥か未来から幕末を眺めている。

「薩摩と長州は、共に反・徳川で、手を結んだ」

学校の教科書で数行書かれている薩長同盟を読んだ程度では、こんな感想しか持たないであろう。しかし、結果として薩長が共に徳川を倒したことと、そこに至る道筋とは、簡単な直線で結べるものではない。

下駄にまでその名を記して踏み潰したいほどの相手と、どうやって同盟が組めるのか。

政治は選択であり、選択は利害によって決定する。しかし同時に政治は感情であり、好悪によって動かされる。大嫌いな相手と組むには、その感情を押し殺すほどの利益がなければならない。

薩長同盟とは、まず長州にとってどんな利益があったのか。

②敵の敵は味方

当時長州は、とにかく何かやれば必ず負けていた。ざっと、以下の通りである。

文久《ぶんきゅう》三年（一八六三）八月、「八月十八日の政変」で、会津藩、薩摩藩勢力によって、長州藩の尊皇攘夷派が、尊攘派公卿《くぎょう》らと共に京都から追放される。

元治《げんじ》元年（一八六四）六月、京都・池田屋で、前年の「八月十八日の政変」の巻き返しを計ろうとしていた長州藩士多数が斬殺される。

同年七月、禁門の変で、長州藩は会津藩、薩摩藩の兵と戦い、惨敗。

同年七月末、幕府は「第一次長州征伐」を決定。

同年八月、英・仏・米・蘭四カ国艦隊が下関《しものせき》海峡沿岸砲台を攻撃。陸戦隊が上陸して砲台を破壊され、長州藩は敗北。

同年十一月、幕府の「第一次長州征伐」に対し、長州藩、幕府に陳謝。事実上の敗北。

これだけ負けると、「徳川に歯向かうことは、長州に幸福をもたらさない」と考えるのが普通である。そう考えて、当時の長州藩の首脳たちは幕府に対し、尊皇攘夷派・三家老の首を持って謝りに行ったわけである。

第一次長州征伐の後、幕府に恭順の意を示したままますめば、薩長同盟もなかったかもしれない。少なくともその時期は遅れていたであろう。ところが長州藩の中で「こんなことではいかん！」とばかり、高杉晋作らがクーデターを起こして、なんと、長州藩を再び勤皇討幕の方向に転換させたのである。

しかし、長州藩は孤立無援である。

この時からわずか三年ほどしか経たない明治元年（一八六八）一月に起きた戊辰《ぼしん》戦争では、全国の大名たちが続々と将棋倒しのように薩長側に寝返るが、第一次長州征伐終了後の、高杉晋作らのクーデター当時は、その気配すらない。

圧倒的な徳川幕府の権威と軍事力が、長州藩でのクーデターを成功させた高杉晋作らの目の前に厳然とそびえ立っていたのである。

長州藩は、味方が欲しい。

たとえ相手が憎むべき薩摩でも、薩長同盟は長州にとって利益があったのである。

敵（幕府）の敵（薩摩）は味方、ということ。

③薩長同盟を推進させたおそるべき外国の力

では薩摩藩側の事情はどうか、という話の前に、薩長同盟を推進した薩長以外の、薩長同盟に関わる動きを見ておきたい。

それは、大きく二つある。

第一は、討幕を志す他の藩の人間たちが薩長同盟を熱烈に望んだ、ということ。対馬《つしま》藩や筑前福岡《ちくぜんふくおか》藩などに「討幕のためには薩長同盟が絶対に必要だ」と考えた人々がおり、とくに筑前勤皇党の早川勇《はやかわいさむ》や月形洗蔵《つきがたせんぞう》らは具体的に動いていた。

二人は西郷隆盛を説き、筑前に来た高杉晋作を西郷に会わせ、その下地づくりを行なっていた。が、筑前勤皇党が筑前で弾圧されてしまって、工作は宙に浮いたままとなった。その後、中岡慎太郎《なかおかしんたろう》が引き継いでいくのである。

実際に筑前勤皇党のような動きをしないまでも、討幕指向を持つ人々は、「薩摩と長州が手を組めば幕府に勝てる」と思い願っていた。薩長の当事者だけでなく、むしろ周りの「反幕世論」とも言うべき人々の存在が、同盟を成功させ加速させた一因とも言えよう。

たとえば自由民主党は、自由党と日本民主党が昭和三十年（一九五五）に合併してできた政党だが、互いに政争を繰り返していて、保守政党として政策的には近いのに、近親憎悪にも似た感情があってなかなか合併ができなかった。

ところが、それまで分裂していた社会党の右派と左派が合併して「日本社会党」ができたため、社会主義政権の樹立と労働運動の激化などをおそれた経済界が後押しする形で、自由党と民主党の「保守合同」が成った。

政治では常に、政治家本人たちの意思だけではどうにも動かないことがある。そんな時は、えてして周辺の「世論」、期待する声に後押しされて、同盟や協力関係ができることがある。

薩長同盟を推進した薩長以外の動きの第二は、外国勢力による、長州への圧迫である。

駐日フランス公使のレオン・ロッシュは、就任した元治元年（一八六四）、つまり長州藩がどんどん追い詰められていた頃、幕府に近づいた。

元をただせば長州もよくない。文久三年（一八六三）に、「攘夷の実行」と称して下関海峡を通過した外国船を長州が攻撃し、報復として元治元年（一八六四）に英・仏・米・蘭四国連合艦隊が下関海峡沿岸の砲台を攻撃し、長州を屈伏させた。外国に付け入る隙《すき》を与えてしまったのである。

幕府は同時期、薩摩など雄藩の連合で政権運営をすべきだという意見を持っていた軍艦奉行の勝海舟を罷免《ひめん》し、小栗忠順《おぐりただまさ》ら幕府権力の増強を図る人々が政権中枢に座った。

小栗らは、フランスの金や技術によって製鉄や造船のため横須賀製鉄所をつくり、さらにフランスとの関係を深めるため、日本とフランス双方にいまで言う商事会社を設立して、大いに貿易を盛んにしようと画策《かくさく》した。

簡単に言えば、徳川幕府は第一次長州征伐の前後に「親仏政権」となっていたわけである。

フランスはさらに徳川幕府を利するため、英米蘭三国の公使に対して長州藩との密貿易を取り締まることを求め、表面上は現政権である徳川に歯向かえない英米蘭は、フランスの申し出を受けた。

すでに幕府によって経済封鎖されていた長州藩は、諸外国との密貿易を禁止されたことで、完全に最新鋭の武器を輸入する道を閉ざされたのである。

幕府に尻尾を振るフランスによって息の根を止められようとしていた長州は、結局のところ薩長同盟にしか活路を見出せない状況をつくられてしまったのである。

④約束をすっぽかされたお蔭で龍馬大活躍

龍馬登場まで、もう少し我慢して戴きたい。

ここで、薩摩藩の動きを見る。

薩摩藩としては、別に長州に辞を低くして同盟をお願いするような立場にない。長州が青色吐息になっていた第一次長州征伐前までの薩摩の考え方は、「雄藩連合」である。政権の蚊帳《かや》の外に置かれていた親藩や外様の実力大名が政治を動かす。まだ薩摩の藩論は「武力討幕」までいっていない。

慶応《けいおう》元年（一八六五）九月。ここでも外国勢力が日本の政局に介入する。

薩摩藩と気脈を通じる駐日イギリス公使・パークスが、幕府に条約勅許《ちよつきよ》（天皇からのお許し）を求めたのである。

どういうことかというと、安政《あんせい》五年（一八五八）に調印した日米修好通商条約などで日本の開港が約束された。その実行を幕府に迫ったわけである。

薩摩藩の西郷隆盛らは、こう予想した。

「どうせ勅許は得られず、幕府の権威は地に落ちる。そうなれば、薩摩藩や土佐藩の仕切る『四侯会議《しこうかいぎ》』（雄藩連合）に権力が移るだろう」

ところが、徳川慶喜《よしのぶ》の驚異的な粘りで条約の勅許を得ることに成功する。

これによって「幕府はちゃんと外国と交渉し、しかも朝廷からお許しを戴けるほどの権力と指導力がある」ということで徳川幕府の権威は高まり、薩摩が描いていた「雄藩連合政権」は、幻に終わった。

政治の怖さはここにある。

徳川慶喜とすれば、薩摩藩を支持するイギリスが徳川の権威を貶《おと》しめる目的で、無理を承知で条約勅許を求めてきた。ところが徳川慶喜は見事に天皇の許可を得た。

徳川方にとっては大成功であるが、じつはこの成功によって、薩摩藩は藩論を一気に変更する。「平和裡に事を運ぶ雄藩連合政権の成立は不可能」、と見たのである。

すぐに「討幕」とならないところが薩摩のおそるべき政治認識力で、しばらくは幕府とも長州とも距離を置くことにした。

長州では反幕府の旗幟《きし》を鮮明にした、桂小五郎や高杉晋作のクーデター・グループが政権を握り、幕府は「第二次長州征伐」を起こそうとしたが、薩摩藩の反対などで諸大名たちが消極的になり、なかなか長州征伐が行なわれない。

いよいよ、坂本龍馬の登場である。

龍馬は幕府と距離を置く薩摩と、幕府と戦う長州の間に入り、同盟を推進した。

薩長同盟成立は複雑な経緯をたどっているが、その詳述は本書の役割ではないと考える。

しかし、大雑把な年表を見ても、龍馬は次のような人々と会い、薩長同盟を説いている。

慶応元年（一八六五）。京都薩摩藩邸で、龍馬は中岡慎太郎らと薩長同盟について意見交換、互いに同意を得る。

五月二十三日、澁谷彦助《しぶたにひこすけ》（薩摩藩）。

五月二十四日、小田村素太郎《おだむらそたろう》（萩《はぎ》藩）、安芸守衛《あきしゅえい》（土佐藩郷士）、いずれも三条実美《さんじょうさねとみ》らに仕える人物。時田少輔《ときたしょうすけ》（長府藩士、三条実美らの応接掛）。

五月二十五日（二十四日の説も）、三条実美、東久世通禧《ひがしくぜみちとみ》、三条西季知《さんじょうにしすえとも》、四条隆謌《しじょうたかうた》、壬《み》生基修《ぶもとなが》の五卿に謁見。

こういう人々がなぜ龍馬と会ったのか。その理由は、龍馬が「薩摩藩の代理人」という立場であったからである。つまり龍馬が薩長同盟を推進する政治的背景は、薩摩であった。

閏《うるう》五月六日、桂小五郎に西郷との会談を持ちかける。

閏五月十六日、中岡慎太郎に説得され、西郷は下関に向けて出発。

閏五月二十一日、西郷、桂との会談をすっぽかす。

すっぽかされた桂は怒り心頭だが、龍馬たちは謝りかつ根気強く説得し続けた。

それならば、と、桂が出してきた条件こそが、薩長同盟を加速度的に推進することになる。

「薩摩藩名義で蒸気船、武器弾薬を購入し、長州に送れ」

この条件は、簡単なようでいて難しい。なぜなら、すでに触れたようにフランスによって密輸の道すら絶たれていた長州に武器や船を送ることは、それだけで重罪である。さらに、仮に薩摩名義で買えたとして、いったいその船を誰が長州まで運ぶというのか。

龍馬が、本領を発揮する時が来た。

私設海軍兼・海運の「亀山社中」の登場である。

⑤龍馬、経済制裁を受けている国に、裏口から武器弾薬を送り込む

龍馬が主宰する亀山社中の経緯は、以下の通り。

龍馬は勝海舟の門弟として、勝が日本最初の本格的海軍創設を目指すためにつくった「神戸操練所」に入り、事実上の塾頭をしていた。

ところがこの神戸操練所の生徒の中に、「池田屋事件」で新選組に斬殺された者がいた。討幕を企てる過激派浪士である。「神戸操練所に不逞《ふてい》の浪人がいる」ということで操練所は閉鎖になり、軍艦奉行の勝は左遷されてしまう。

この時、操練所にいた龍馬たち脱藩浪士の身柄を、勝は薩摩に預けた。雄藩連合を指向していた勝と薩摩は繋がっていたのである。

薩摩藩に預けられた龍馬は神戸操練所にいた仲間たちと薩摩藩の藩船を操船して、薩摩藩のために活動をし、やがて政治結社と海運会社・私設海軍という色々な顔を持つ亀山社中をつくる。亀山社中は、薩摩藩の掌中《しょうちゅう》にあった。給料はすべて薩摩藩から支給をされていた。

つまり、完全に薩摩藩の別動隊である。

薩長同盟は薩摩の意向を下地にしながら、龍馬がその先頭を走り始める。

すでに述べたように長州の桂小五郎は、会談をすっぽかした西郷に怒って、同盟の条件を龍馬に提示した。それが「船舶・武器弾薬の輸送」である。

龍馬のイメージはスケールの大きな「天下の素浪人」だが、当時の薩摩藩の認識としては、「最新の航海術を身につけた技術者」である。それゆえに庇護《ひご》したわけだが、龍馬は薩摩の支配下にあって薩摩藩の仕事だけをしているのに飽き足らず、「自分の船を持って自立したい」と考えた。それが亀山社中設立の最も大きな動機である。

ただし、お金は薩摩藩が出したわけであるから、やはりその枠から出るわけにはいかない。

そんな時に、長州への武器輸出が薩長同盟の要《かなめ》になるという事態が起きた。

龍馬は、薩摩藩名義でイギリスの武器商人・グラバーから、小銃七三〇〇丁、その他弾薬を購入し、薩摩の「胡蝶丸《こちょうまる》」で長州に運び込む。また、ユニオン号（桜島丸）という軍艦も薩摩名義で購入し、長州に渡した。

いまで言えば、経済制裁を受けている国に裏口から武器弾薬を送り込むようなものである。薩摩は「引き返せない」ことを承知でこれを承認した。

後の話になるが、龍馬は第二次長州征伐で長州側軍勢として、亀山社中を率い下関海戦に参加し、大活躍をする。

こうした龍馬と亀山社中の「実利」を持った行動が、長州の薩摩に対する思いを氷解させていくのである。

ただし実際に武器弾薬を運ぶ龍馬は、正に命を賭けての行動。こんな逸話が残っている。

亀山社中で龍馬が活躍していた頃のこと。薩摩の西郷宅に坂本龍馬が泊まった時、龍馬は、西郷の妻・イトに、

「一番古いものでよいのだが、褌《ふんどし》を戴けまいか」

と頼んだ。よほど困っているのだろうと、イトは言われた通り古い褌を龍馬に与えた。

家に戻った西郷がこの話を聞いて、

「坂本さんは、お国のために命を捨てようという人だとわからないのか。すぐに一番新しい褌とお取り替えせよ」

と、普段まったく怒ったことのない西郷が怒りに顔を赤くしたという(『坂本龍馬海援隊始末記』)。

⑥政党の同盟・合併がうまくいかない最大の理由

長州藩が欲していたもの。

それは、中央政界から完全に干された状況の中で、長州藩の代弁をしてくれる者を探すことであった。

もう一つは、幕府と戦うための武器弾薬。

この二つを揃えるのに、薩長同盟はどうしても外せない選択だった。

それまでの薩長同盟は、どちらかというと「幕府を倒す」「尊皇攘夷を実現する」といった思想あるいは政策的な理想に基づいていた。薩摩も長州も立場としては「反・幕府」なのに、なかなか同盟に踏み出せなかったのは、やはり感情的なしこりが大きかったからである。それを、龍馬の働きで武器弾薬を運ぶことによって、目に見える利益で両者を結びつけることができた。

薩長同盟は、実利による行動こそが政治同盟の要諦であることを見事に表わした事象である。

どこかの政党とどこかの政党が合併する。

よく、政策的な合意云々という話題の隅のほうに、時々「選挙区調整」が触れられている。政党どうしが一緒になったら、選挙区がバッティングしてしまった場合どうするのか、という調整である。表に出にくいが、政党が合併する時に最も神経を使うのはこのことである。だいたい政党の合併が成功しないのは、選挙区調整について大きな勢力の側が譲歩しないことが原因になる。

会社の合併でもそうだが、小さな勢力が「呑み込まれてしまう」と感じるとうまくいかない。銀行どうしが合併すると、合併後の最初の頭取は小さい銀行の側から出す場合がほとんど。それは、大きな側が譲歩することで合併がスムーズにいくことを願っての人事だからである。

　政治で言えば、どんな小さな政党でも国会で議席を持った場合には、最低でも数万以上の支持者がいる計算になる。その政党の存在意義を失わせるような扱いを受けるくらいなら、合併などせず、数万の支持をバックに「名誉ある孤立」を選び、正義を叫び続ければ組織は存続できる。呑み込まれるよりはマシ、ということである。

　こういう政党は思想的には極端に走りやすくなる。

　小さな政治組織が思想的に純化していくのは、少数だからたやすいという理由のほかに、純化するからこそ、小さな支持だが絶対にブレない固い支持を得られる、という利点がある。共産党や宗教を基盤にした政党など、全体主義的な政党にその傾向が強い。

　彼らは排他的ではあるが、それは同時に自由で民主的な組織と違い、支持が揺れ動く心配が少ない。思想や宗教を信じる人々にとっては、個々の細かな政策というよりは彼らが信じ信奉している部分さえ保っていてくれれば、それでよいのである。

　こうした目で見てみると、長州藩が孤立を深め、日本の中で少数派になればなるほど、思想的に純化・過激化していったのは自然だと言える。

　追い詰められて、しかし思想的には討幕に純化していく長州。

一方で巨大な力を溜めて、傍観している薩摩。

この二つが一緒になるためには、薩摩の「大きな側が譲る」という態度が絶対必要であった。しかも、互いに不信感を拭いきれない状況下で、言葉だけでは無理である。であるからこそ、長州が喉《のど》から手が出るほど欲しがっているもの、すなわち「武器弾薬」という利益供与は、ひじょうにリアルで説得力を持つものであった。

⑦亀山社中《かめやましゃちゅう》は、龍馬の政治力を支える意義深い組織

桂小五郎は、西郷が会談をすっぽかした時、もう一つの条件を出していた。

「薩摩側から使者を出して、われわれ（長州）に和解を申し込め」

というものである。

たしかに、長州のほうが困っている。だが、困っている長州から「お願いします」では屈辱的である。薩摩から「ぜひ同盟を」と言ってもらいたい……。

桂小五郎の祈るような気持ちはよくわかる。

武器弾薬を運び込むなど様々な行動で互いに距離が近づいたものの、正式な薩長同盟は結ばれていなかった。

西郷が会談をすっぽかしてからおよそ八カ月後の慶応二年（一八六六）一月。京都の薩摩藩邸に、薩摩の西郷隆盛、大久保利通、長州の桂小五郎らが集まった。しかし、毎晩酒宴はやるのだが、一向に同盟の話は出てこない。

薩摩にすれば、力の強い側である薩摩がどうして長州に同盟をお願いしなければいけないのか、ということであるし、逆に長州にしてみれば、弱い立場の長州から同盟の話を出せば、憐れみを乞うているようなもので絶対にできない、ということになる。

いつまで経っても薩摩側から話が出ないので、ついに桂小五郎は同盟を諦めた。そして長州に帰国する腹を固めて、遅れて京都にやってきた龍馬に胸の内を語った。

「もうこれ以上、薩摩から同盟の話を切り出してくるのを、待ってはおれん。こちらから同盟の口火を切るわけにはいかない」

西郷、大久保、桂といえば、明治政府草創期の三巨頭、最高責任者である。近代日本の礎《いしずえ》を築く大政治家として評価の高いこの三人が、互いの面子にこだわって同盟ができない。

人物の評価は、なんとなくイメージで「偉かった」とか「ダメなやつ」と見るが、一人の特に政治家の場合、一生のうちには優れたことも愚かなことも両方やっている。歴史上の人物は小説等によって美化され、その性格や能力は終始一貫変わらずに描かれているからいけない。西郷や大久保、桂といえどもつまらぬ沽券《こけん》にこだわって大事を失することもあるのだ。

逆に、政治史の中ではあまり大きく評価されてはいない坂本龍馬であるけれども、この薩長同盟に関してだけ言えば、正に日本国の将来というものを最優先にして考えていた。

桂小五郎の話を聞いて、坂本龍馬はすぐに西郷隆盛を説得した。

「長州にも面目がある。あなたのほうから同盟を切り出すべきではないか」

西郷にこのような言い方をできるのは、龍馬が亀山社中という薩摩藩のための私設海軍を指揮統率していたからである。そして、薩摩藩の代理人として長州との交渉を行ない、さらには関係改善のための武器輸送に活躍した龍馬であったからこそ、西郷は話を聞いて長州側に歩み寄ったのである。

慶応二年（一八六六）一月二十一日。ついに薩長同盟は成立した。

薩長同盟の裏書き、といわれる、木戸孝允宛ての龍馬の書簡が残っている。

木戸が薩長同盟締結の内容を記した書簡の裏に、龍馬が朱書きで、

「（この書簡の表に書かれた六カ条は）小松帯刀《こまつたてわき》、西郷隆盛および老兄（木戸孝允）、坂本龍馬が同席した場で議論し結論を得たもので、その内容は表に書かれた通りである。今後もこの内容に変更がないことを証明する（神明の知る所に御座候）」

龍馬が素浪人として単独で行動していたら、事態が動いたかどうかわからない。しかし、龍馬が亀山社中という海運と海軍を兼ねた組織を持っていたからこそ、長州から感謝され、薩摩からは重宝がられたのである。

亀山社中は、龍馬の政治力を支える意義深い組織であった。

⑧薩長同盟は野党連合ではない。「地方連合」である

いまでも政治上の意見の相違を乗り越えて同盟を組むことの例《たとえ》として、「薩長同盟」は比喩に使われる。

しかし、これを国政レベルでの比喩に使うことには、違和感を覚える。

薩長同盟は、与党を倒すための野党同盟などという小さなものではなく、むしろ現代的には「地方同盟」に近いのではないか。

アメリカでバラク・オバマが黒人初の大統領となったのは、「共和党か民主党か」という選択肢であるよりも、アメリカ全土の危機感、焦燥感が変化を望んだのである。日本風に言えば、永田町的、霞ヶ関的発想を否定した結果である。

野党連合などという、既成政党の連合にどれだけの国民が期待感を持つであろうか。

むしろそれよりも、地方の優れた首長、政治家たちが、地に足のついた危機感と対応能力をもって連合を組もうという動きのほうが、よりダイナミックであり新鮮味がある。

もちろん、国会議員がダメで地方の首長は優秀、などと言うつもりはまったくない。ただ、地方の首長は国民の生活に直結する身近な行政を司《つかさど》っていることと、その地方での権限が強大であることから、実績が見えやすい。逆に言えば、ダメな首長も目立つのである。

いずれにしても、地方の危機感は半端ではなく、大きな借金を抱えて、「このままでは潰れる」という意識が強い。

そもそも地方分権が議論として出てきた背景には、政府にお金がなくなった、地方に分配できなくなったことが大きい。だから地方は目覚めたのである。中央があてにならないのなら、自分たちでなんとかしなければいけない、という焦燥感である。

幕府が弱体化し、経済危機や外国の脅威に晒《さら》されている中で、自分たちがなんとかしなければ、という意識が、薩長同盟の底辺には確実に流れていた。そして、「地方の雄」である薩摩と長州が手を結んだのである。

全国の知事や市区町村長の有志が「地域・生活者起点で日本を洗濯（選択）する国民連合（略称・せんたく）」をつくって、初めての本格的な地方連合を模索している。もし現代日本で薩長同盟と比するものがあるとすれば、こうした「目覚めた」地方の運動であり、それは時代転換の要因と成り得る。その「せんたく」の代表を務める北川正恭《きたがわまさやす》・元三重県知事は、「改革はリーダー一人ではできない。いかにビジョンや決意を共有できる人材を増やすことができるか」が必要になってくると述べている（北川正恭『生活者起点の行政革命』）。

坂本龍馬は、危機を救うには変革が必要だと日本に警笛を鳴らし、薩長同盟や「船中八策」（後述）をはじめとするビジョンを、多くの人と共有した。そして、時代を動かしたのである。

3、龍馬暗殺の黒幕

①暗殺実行を命じた人物に、「坂本殺《や》るべし」と吹き込んだ者は誰か

薩長同盟の成立から、龍馬が命を落とすまで、およそ二年。

ここからは、「龍馬暗殺」の謎解きをしながら、龍馬暗殺が単なる「殺し」ではなく、「政治的抹殺」であったという側面を見てみたい。

政治家暗殺の動機には、大きく分けて三つのものが挙げられる。思想的な憎悪、権力闘争、利害の衝突。

日本の戦前に頻発した政治家の暗殺は、たとえば原敬《はらたかし》や濱口雄幸《はまぐちおさち》など、政策的、思想的に「こいつは許せない」と考え殺されたケースで、権力闘争とは直接関係がない。もちろん、

軍部が黒幕ではないか、という説もあるが、実行犯は明らかに思想犯である。

思想的な憎悪と権力闘争が一緒になったケースは、幕末の井伊直弼《いいなおすけ》暗殺である。井伊の朝廷を軽んずる（と見られた）態度と、加えて水戸藩をはじめとする勤皇派の人々を弾圧し政権から排除したことに反発されたのである。

権力闘争と利害衝突が絡まった暗殺は、アメリカのジョン・F・ケネディ暗殺事件である。もちろん、ケネディ暗殺はリー・ハーヴィー・オズワルドの単独犯行であると公式には発表されているが、数々の疑問点や黒幕説などがいまだに信憑性《しんぴょう》を持って語られている。

その黒幕は、ケネディと政治的基盤を異にする共和党、民主党の中でもケネディと対極にある保守派の人々、黒人の権利拡大に否定的な人種差別主義者、対ソ融和《ゆうわ》によって存在を小さくされる恐れのあった軍部やCIA、キューバのカストロ、平和外交推進で減産の可能性があった軍需産業など、権力と利害がケネディと衝突したものがたくさん存在する。

これらのいずれが黒幕であったのか、あるいは黒幕は存在しなかったのかは不明である。しかし、憶測《おくそく》が乱れ飛んでいるという事実は否定できない。

龍馬暗殺の実行犯は京都見廻組《みまわりぐみ》であると、ほぼ断定されている。だが、その「黒幕」についても色々な説が取り沙汰されている。

ここでは龍馬暗殺の「黒幕」について考察を行なうことで、龍馬がなぜ政治的に抹殺されなければならなかったのか、という面を明らかにしていきたい。

龍馬は慶応三年（一八六七）十一月十五日、京都にある醤油商・近江屋に、中岡慎太郎と宿泊していた。そこへ、佐々木只三郎《ささきただざぶろう》率いる京都見廻組が踏み込み斬り合いになった。龍馬は即死に近く、中岡慎太郎は翌々日に息を引き取った。

当初、その暗殺は新選組の仕業であると見られ、また黒幕は直前に海援隊と揉め事を起こしていた紀州藩の家老・三浦休太郎《みうらきゆうたろう》であるとされた。が、明治になって疑わしい関係者の事情聴取が進み、実行犯は京都見廻組であることが明らかになったのである。

京都見廻組は京都守護職の配下であるから、黒幕は京都守護職の松平容保《まつだいらかたもり》ということになる。そうなると、あまり政治的な意図は見えてこない。というのも、龍馬は前年に薩長同盟のため動き回ったことで、京都伏見《ふしみ》の寺田屋にて捕縛《ほばく》されそうになり、その際、捕方にピストルを発砲し数名を死亡させている。現代で言えば「警官殺し」のようなもので、政治犯というよりも単純な殺人犯として、龍馬は官憲から狙われる理由があった。

しかしそうだとすれば、京都見廻組は堂々と「殺人犯である坂本龍馬を、捕縛中に斬殺」

と申し出ればよい。

事件と無関係の中岡慎太郎も殺してしまったから名乗れなかった、という説もあるが、中岡は薩長同盟を龍馬より早く進めていた張本人で、京都見廻組が斬殺・捕縛する理由はいくらでもつく。

さらに、龍馬の後ろには薩摩・長州・土佐藩がいるから、あくまで隠密裏に、と、松平容保が会津藩重役・手代木直右衛門《てしろぎなおえもん》を通じて実行犯の佐々木只三郎に命じたという(佐々木は手代木の実弟に当たる)。

しかしこれもおかしい。

暗殺がバレて騒ぎが大きくなることを避けたいのならば、そもそも暗殺自体をやめればよい。だいいち、龍馬が殺されれば土佐をはじめ反幕府勢力はその犯人探しを始める。当然の結果として幕府側の人間を疑う。最初に新選組が疑われたのがなによりの証拠である。

新選組にせよ見廻組にせよ、京都守護職・松平容保の配下であり、真っ先に自分が疑われることは松平容保自身が一番よく理解していたはずである。隠しても騒ぎが大きくなって自分やその配下の新選組が疑われるのは、誰にでもすぐにわかる理屈である。だから「薩長土にバレるとうるさいから隠密裏に」、という松平容保の命令には矛盾がある。

しかも、松平容保は自らが正しいと信じれば、たとえ困難があろうとも信念を貫く大名である。龍馬暗殺を直接指示したことも疑問だが、もっと疑問なのは容保の性格からして、ただ騒ぎが大きくなるという理由だけで、世間に隠さなければならないようなことを命じるであろうか、という点である。

ではいったい、公式の治安機関が、公務の執行を行なって、それでもなお名乗れない理由は何であろうか。

それは、命令が非公式のものであったからではないか。

もっと言えば、正式な手続きや正統な指揮命令系統から発せられたものではない、のではないか。

佐々木只三郎に命令を下したのは会津藩重役の手代木だが、手代木に「龍馬を殺らなければ、京都は大変なことになるぞ」と吹き込んだ誰かがいるのではないか。

龍馬を殺すことを京都守護職である松平容保が命じたら、薩長土が騒ぎ立てて容保の立場が危うくなる。ならば、自分（手代木）が非公式に龍馬暗殺を命じれば、京の治安は守れるし、事が露顕《ろけん》しても自分（手代木）の独断でやったと言い責任を取れば、主君である容保にも迷惑はかからないのではないか。

これを隠密裏にやらせるには、腕が立って絶対に秘密を口外しない男を使うしかない。実弟の佐々木只三郎は腕も立つし口も固い。なによりも信用できる……。

かつて京都・池田屋を新選組が急襲したのも、京都で松平容保らの暗殺計画を企てていた長州藩士たちを取り締まるためであった。京都守護職の幹部で、実直な手代木のような人物に「京都が大変なことになる」と吹き込めば、間違いなくそれを阻止するために動く。そう考えた者がいる。それが、暗殺の黒幕である。

②欧米列強からの脅威。内戦などしている場合ではない

仮に、こうした想像がまったく違ったとしても、龍馬が消えることで利益を得る者がいたはずである。逆にもし想像通りなら、その黒幕は龍馬消滅後に利益を得られた者である。

話を進めよう。

龍馬暗殺の直前、日本国内すべての事情を知る神様がいたとする。

その神様からは、龍馬は徳川幕府（大政奉還したので徳川方）にとって、恩人と言っても過言ではないほどの存在に見えたはずである。

経緯を簡単に記すと、薩長同盟を行なった後、龍馬は新しい日本国の姿について俗に言わ

れる「船中八策」を示した。これは、とりあえず徳川幕府は大政奉還、つまり政権を朝廷に返して、新たに有力大名や公家も含めた「合議制」の政体をつくる、というものである。

大事なのは、その合議政体の中に徳川慶喜が含まれる、ということである。徳川が新たな政体の中でも中心的な役割を果たす。もちろんいままでの幕府のような絶対権力を持つわけではないが、それでも強大な軍事力と領国を持つ徳川の影響力が大きいことは言うまでもない。

龍馬はそれを承知の上で、武力による「討」幕ではなく、平和的な政体変更である「倒」幕を指向したのである。

理由は様々言われているが、なんといっても大きかったのは、外国の日本政治への介入に対する脅威である。

アジアは当時、欧米列強による植民地の草刈り場であった。阿片戦争を持ち出すまでもなく、彼らはどんな難癖をつけても武力侵攻をして、植民地として奪い取ることが自国の利益に繋がると考えていた。

日本は有史以来、一度も他国の植民地になっていないから実感が湧きにくいが、現在の国名で言えばインド、パキスタン、インドネシア、フィリピン、ベトナム、カンボジア、ラオス、ビルマ（ミャンマー）など、アジアのほとんどが植民地化され、中国は主要港湾都市を事実上奪い取られた。

植民地は、早い者勝ち、である。

日本に開国を迫ったすべての国が、若干の強弱はあるにせよ、日本を食い物にしようとしていたことは疑う余地がない。

開国要求はその第一弾であり、欧米列強は様子を見ながら時に政局に関与し、影響力を行使してきた。

龍馬は薩長同盟実現の過程で、イギリスの政治介入を体験している。

龍馬はイギリスから薩摩藩名義で武器弾薬を購入し、長州に送った。無論、これは禁じられていたことである。ここで大事なのは、罰せられるのは薩摩や龍馬だけでなく、イギリスも同罪になる可能性が高かったということである。

もしイギリスが、長州に行くとわかっていて武器を売ったとすれば、これはフランスやアメリカ、幕府との「密輸厳禁」という約束に反する。それを承知の上で薩長に手を貸すのは、明らかに好意的施しではなく、政局関与である。

こんな連中が日本を窺《うかが》っている。国内で騒乱を起こしている場合ではない。

しごく真っ当な考えに思えるのだが、これを龍馬の変節と取る人、あるいは龍馬を邪魔に感じる人々もいた。

③背景にある、薩長対土佐の政治権力闘争

たとえば、薩摩藩と長州藩である。

徳川が政権を離さないのならば、これを鎮圧せよ、という「討幕の密勅」を、薩長は朝廷から戴いていた。ところが、徳川は大政奉還で政権を手放した。徳川討伐の大義名分がなくなってしまったのである。

この「大政奉還」をするように徳川慶喜に進言したのは、土佐の山内容堂《やまうちようどう》。容堂は、土佐藩の後藤象二郎《ごとうしょうじろう》から献策されており、後藤は坂本龍馬から、大政奉還とその後の日本の政体について話を聞いている。

徳川の後ろに土佐があり、その土佐を動かす力として龍馬がいる。

薩摩と長州は、徳川を排除しなければ完全な政権掌握はできないと考えていた。だから、とにかく徳川を討ち果たさなければならない。

一方で土佐藩は、その国力からいっても薩長の次に位置し、薩長政権下では冷や飯を食う

可能性がある（現に明治政府になってから土佐藩の人間は冷遇され、多くが自由民権運動など野党的な立場に立つ）。

ならば、徳川を背景として土佐藩が一役買い、新しい政体になった後には徳川の力を我が力として薩長に対抗する、と考えて不思議はない。

整理すると、土佐藩が武力討幕ではなく、平和的政体変更で徳川も残存させようとした理由は、第一に外国勢力の介入を防ぐため早急に政治を立て直す必要があり、武力討幕などという内戦をやっている暇はないと考えたから。

第二に、もし武力討幕になれば薩長が主導権を握ることになる。土佐藩の政治権力を維持するためにも、徳川残存での平和的政体変更が必要である。

大政奉還が行なわれた慶応三年（一八六七）十月の段階で、政局は「徳川・土佐対薩摩・長州」の様相を呈し始めていた。

④龍馬を抹殺する以上の、龍馬暗殺の効果

坂本龍馬は重要人物ではあったが、日本の政治全体を動かす立場にはなかったから、やはりその暗殺動機も国政規模のものではない、という考え方がある。

たしかに龍馬は、亀山社中（のちの海援隊）という自分の力を持っていたが、それは長州藩を動かす桂小五郎や、薩摩藩を動かす西郷隆盛・大久保利通と比べれば、小さな政治権力であった。徴税をともなった行政組織を持っていない差であろう。

しかし、暗殺にはその人物を消すことによって、他を恫喝《どうかつ》するという側面もある。五・一五事件や二・二六事件の後、日本の政治家たちは軍部に対して正面から反対を唱える者が少なくなった。暗殺の後遺症とも言うべきもので、次は自分が狙われるのではないか、と思えば、つい矛先が鈍るのは古今東西共通のことである。

ここで、想起したいことがある。

龍馬暗殺から一カ月も経っていない慶応三年（一八六七）十二月九日、王政復古の大号令を発するための小御所会議が開かれた。会議は紛糾したが、ある人物の恫喝によって、収拾する。

会議で議論になったのは、徳川に対して「辞官納地《じかんのうち》」を求めるか否か、という点である。辞官納地というのは、役職（内大臣）を辞した上に徳川の領地すべてを朝廷に返せという要求である。

徳川は納得するはずがない。反発して徳川は武力行使に出る。そうしたら鎮圧を名目として堂々と徳川を討つことができる。「辞官納地」は正に薩摩や長州の「武力討幕」という思惑を実現するための罠《わな》だった。

これに土佐の山内容堂は反発し、会議は未明まで続く。

この時、ある人物から強烈な一言が発せられ、会議の方向が決まったといわれている。

それは、御所を警護していた西郷隆盛の次の言葉である。

「短刀一本で済む話」

と、西郷は御所内の岩倉具視《いわくらともみ》に伝えさせた。つまり、反対するやつは刺し殺せ、という脅しである。

言ったのは西郷ではなく岩倉本人だ、という説もある。

いずれにせよ、「言うことを聞かないのなら殺すぞ」というのは、単純で野蛮だが、それだけに迫力がある。

龍馬暗殺をこうした考え方で見てみると、「大政奉還、平和的解決などというふざけた政策を進めるのなら、龍馬のように死ぬことになるが、それでもよいのか」という恫喝ともとれる。恫喝をしたのは、武力討幕を推し進めていた薩摩か長州。

たとえば、西郷隆盛。

西郷隆盛はそんなことをする人物ではない、という人がいるかもしれない。

私も西郷は大好きだが、西郷には様々な顔があり、どれか一つを取り出して論じてもあまり意味がない（西郷の章で詳しく述べる）。

とくに幕末のそれも末期になると、西郷は「目的のために手段を選ばず」という傾向を強める。小御所会議での「短刀一本で済む話」発言。徳川から戦端を開かせるための挑発として、関東各地、とくに江戸の町で盗賊まがいの乱暴狼藉《ろうぜき》を頻発させ、あるいは江戸城二の丸への放火、庄内《しょうない》藩屯所《とんしょ》への発砲等々、とにかく手段を選ばず、目的を達成しようとしていた。

龍馬暗殺に西郷が関わっているとすれば、その目的は、龍馬自身の行動を止めることと同時に、龍馬と同じ考え方、薩長の政権奪取に否定的な勢力に対して「脅す」という意味もあるのである。

⑤政策が優先される時、人間関係は後回しになる

龍馬がたとえば薩摩によって抹殺されたとすると、それを避ける方法はあったであろうか。

おそらく、龍馬のような奔放な人物の口をふさぐことは事実上不可能であったろう。ただし、もし「海援隊」が薩摩の支配下にあれば事情は違っていたかもしれない。

龍馬は薩摩藩の庇護と影響下に「亀山社中」をつくった。亀山社中は初期の龍馬の政治的基盤である。つまり龍馬は「薩摩派」の人間であったわけである。

ところが、薩長同盟が終わると、薩摩藩から見て坂本龍馬と亀山社中の必要性が低下した。しかも亀山社中自身は火の車状態。さらに高価な船を欲しがる亀山社中は薩摩にとって、やや面倒な存在になりつつあった。そんな時、薩摩藩を保証人として亀山社中が船を買ったが、肝心の薩摩藩が保証人から手を引いた。

困っているところに、土佐の後藤象二郎が、「金の面倒をみよう」と手をさしのべてくれたのである（竹下倫一《たけしたともかず》『龍馬の金策日記』ほか）。

土佐藩としては、土佐勤皇党を弾圧したお蔭で薩摩や長州など勤皇を旗印にする諸藩から信用を失い、かつ人脈も途絶えた。そこで、勤皇派、とくに薩長に絶大な信用のある坂本龍馬と高度な航海術を持つ亀山社中の面々を土佐藩で面倒みれば、人脈も信用も海運力も手中にできるというわけである。

こうして、「海援隊」が誕生した。

海援隊は事実上、土佐藩の資本によって運営されることになり、ここに龍馬は「薩摩派」から抜け出て、出身藩である「土佐派」に戻ったということになる。

西郷が龍馬の「大政奉還論」に対して翻意を促したという記録はないし、仮にそういう機会があっても、もはや土佐の影響下にある龍馬に西郷が説得を試みることはなかったであろう。なぜなら、もし龍馬が薩摩派のまま、つまり薩摩藩の庇護下で薩摩と違う意見を言えば、「お前、それは違うぞ」と説得するのが筋だが、他の派閥である土佐派となった龍馬が何を言おうと、それは龍馬の自由である。

そして西郷は、薩摩派たる自分と土佐派の龍馬の利害が衝突することも承知していたであろう。いずれは命を懸けた対立になる可能性も感じていたかもしれない。

こうした「組織を出た者と、出ていかれた組織の闘争」は、古今に多数の例がある。

たとえば戦前の中国を支配していた中国国民党。昭和十年代には、大きく分けて蔣介石《しょうかいせき》派と汪兆銘《おうちょうめい》派が存在した。

汪兆銘が国民党の中にいた時には、蔣介石は汪兆銘にあらゆる説得をして自分に従わせようとするが、汪兆銘が国民党から離脱して、南京《なんきん》で日本の影響下に新たな政府をつくることになると、蔣介石は汪兆銘を暗殺しようとした。汪兆銘は襲われて、一緒にいた秘書が殺されている。

組織の中にいる場合と、組織の外に出た場合の対応は、政治においては命懸けの対立に発展するのである。

郵政民営化の時に反対を唱えた議員たちは、最初は徹底的に説得工作されていた。しかし、郵政民営化法案に反対票を投じ、自民党を離れた議員たちに対して、自民党執行部は政治生命を賭けた戦いを挑んだ。

対抗馬、「刺客」とマスコミに面白おかしく取り上げられた民営化賛成の候補者を、すべての民営化反対議員の選挙区に立てたのである。

陣頭指揮をとった武部《たけべ》勤《つとむ》幹事長（当時）は、民営化反対議員に離党勧告をする時、「今まで世話になった人や可愛がってくれた人に、離党勧告や除名をするのは辛い」と述べている（『それでも改革はやまぬ』）。武部勤は元々大変温かく面倒見のよいことで知られる政治家だが、それでも、政策が優先される時には人間関係は後回しになる。

これが、政治である。

⑥汪兆銘《おうちょうめい》と坂本龍馬

では龍馬は、こうした冷徹な政治を知らなかったのであろうか。

とんでもない話である。

幕末の当時は現代など比べ物にならないほど、政治的意見の違いが生命の危機に直結していた。政治生命が終わる、イコール、自分が物理的に死ぬ、という時代である。その真っ只中にあって、しかもすでに命を狙われ（寺田屋事件）ているのだから、龍馬の行動は常に命を懸けた行動であった。

ならばなぜ、巨艦・薩摩を敵に回しても、武力革命ではなく平和的革命による政体変更を模索したのか。それは龍馬が、政治家として「良識的」であったからにほかならない。

なにも徳川を潰す必要などない。まして英明を謳《うた》われた徳川慶喜を失脚させるなど論外である。敵は諸外国であり国内で力を削ぎ合うべきではない……。

政治には、「待てよ?」と、時々立ち止まらねばならない時がある。

昭和十年代、「これをやれば、日本は孤立するのではないか。アメリカと戦争になるのではないか」と考えた政治家はそれなりにいたし、もちろん軍人の中にもいた。しかし彼らはほとんど声をあげず、「風にそよぐ葦《あし》」の如く時代に流されていった。

政治家は、そして指導者といわれる人は良識的でなければならないし、同時に、勢いに流されるのではなくて、時々立ち止まる勇気が必要である。「本当にこの路線でよいのか」ということだ。そして、良識的に「これが正しい」と信じたら、時代に抗しても信念を貫くのが真の政治家ではなかろうか。

さきほど述べた汪兆銘という政治家は正にそのような政治家であった。

汪兆銘は蔣介石や毛沢東《もうたくとう》が何と言おうと、国民を守るために日本との和平を優先し、当時凄《すさ》まじい勢いで殺戮《さつりく》も辞さなかった共産党の暴力革命も否定した。汪兆銘は日本と手を結んだことで「漢奸」(中国の売国奴)と呼ばれ、つい最近まで南京に、汪兆銘の、捕縛されひざまずかされた石像が置かれていて、そこに中国人たちは唾を吐きかけていた。

もちろん龍馬と汪兆銘が同じだと、短絡的に書くつもりはない。

しかし、薩摩藩がどの方向を指向していたのか承知の上で、それでも自分が正しいと信じた政策を推し進めようとした龍馬は勇気ある良識的政治家と言えるであろう。

それが、龍馬が政治家として甘い点であり、誰もが親しみと尊敬を抱く理由でもある。

龍馬について終える前に、ちょっと触れておきたいことがある。

近年、政治が混迷する中で龍馬のような人物の登場を、政治家本人たちが口にしていることに興味を覚えた。

龍馬は地位や名誉などにまったく興味がなく、ただ日本をよくしたいという単純明快な考えを死ぬまで貫いた。維新第一世代である吉田松陰や橋本左内らに通じるものを感じる。

彼らは、自分が犠牲になってもよい、途中で死んでも悔いはない、という人々である。いまの政治家が、こうした人々に憧れを持つことに、私は小さな希望を抱いている。

龍馬は、西郷や大久保、あるいは島津《しまづ》斉彬《なりあきら》や山内容堂、さらには阿部《あべ》正弘《まさひろ》や徳川慶喜のような、巨大な政治権力を持った人物ではなかった。それは、巨大な組織を背景にしなかったことによる。しかし、巨大な政治権力を持つ者たちをまるで将棋の駒のように動かし、薩長同盟、ひいては明治維新を実現したという点で、特別な政治能力の持ち主であったことは疑いなかろう。

いまの政治家たちの誰かが、巨大な権力を龍馬のような「無私」の掌《てのひら》の上に載せて動かすことを、密かに期待する今日この頃である。

第3章

西郷隆盛の政治力

1、西郷隆盛《さいごうたかもり》が中央政界に出るまでの政治力

①ある時は慈愛に満ち、ある時は冷酷な西郷

凄《すさ》まじいリーダーシップ。

もし一言で西郷隆盛を評するなら、こうとしか書きようがない。

明治十年（一八七七）九月。

西南戦争は最終盤を迎え、西郷は鹿児島の城山に四〇〇名足らずの兵と共に立て籠《こ》もった。

その城山でのこと。西郷軍のナンバー2・桐野利秋《きりのとしあき》の甥《おい》である根占潔《ねじめきよし》が、窮乏《きゅうぼう》していたタバコをもらいに、西郷のところにやってきた。

「先生、タバコがなかことなりもしたから、少し給わんか」

「おう、そいなら、善《よ》か品を呈《あ》げもそ」

西郷は立ち上がって刻みタバコを取り出すと、無造作に封を開けて、ほとんど全部わしづかみにして根占に渡した。

「え？」

根占は驚いた。普段吸っているタバコを少し分けてくれる程度に思っていたら、封を切っていない上等なタバコをわざわざ開けて自分にくれたのである。

根占は感激した。

「こいは、先生が与（く）いやったとじゃって、死ぬまでお守りにすっとじゃらい（西郷先生がくれたタバコだから、死ぬまでお守りでとっておく）」（山田《やまだ》準《じゅん》『南洲百話』）

はたして、ただタバコを手渡しただけでここまで人を感動させるリーダーがほかにいるであろうか。

もちろん明治十年の西郷は西南戦争が始まってしばらく経つまで、日本でただ一人の陸軍大将であり、その数年前まで政府の頂点におり、明治維新での活躍はすでに伝説化していた。つまり、実績が人物をより以上に大きく見せていた可能性はある。

こういう人物は、本人がそれ以上の努力をしなくても十分カリスマ性を持つものだが、西郷はどんなに偉くなっても威張《いば》らず、身分の低い者にも丁寧《ていねい》に対応し、それがさらに西郷の人気を高めた。

カリスマというのは、元々の意味は「神の賜物《たまもの》」であるが、わかりやすく言えば、その人間の前に出ると、他の人の前とは違った感情を抱いてしまう不思議な魅力を持った人間、である。

その、「他の人とは違う感情を抱かせる」西郷からタバコを受け取ったのだから、根占潔が感激したのも無理はないのである。

西郷は若年からこうした感動や感激を人に与えることで、強烈な人望を集めてきた。それを本人が意識してのことなのかどうか、わからない。

だが、人望が篤《あつ》いという点だけを拡大解釈すると、西郷の本当の姿が見えてこない。

西郷は活動した局面によってまったく違う顔を見せる。

ある時は温情と慈愛に満ちた兄であり、ある時は非情と冷酷の人でもあった。

またある時は徹底して筋を通す人であり、ある時には理屈を超越して手段を選ばぬ人であった。

そのいずれが西郷の真の顔であるのかは、当の西郷ですらわからなかったのではなかろうか。

今回西郷を「政治家」と限定して見ることにより、わかりにくい西郷像の輪郭の一部でも明らかにできれば幸いである。

②お由羅《ゆら》騒動が生んだ「精忠組《せいちゅうぐみ》」

西郷隆盛を盟主とする「精忠組」、と呼ばれる人々がいた。

幕末の薩摩《さつま》藩における若手過激派の集まりと思われているが、少し違う。結論から言えば「精忠組」は政治的な一派であり、島津斉彬《しまづなりあきら》を信奉する勢力であった。

詳しく見てみよう。

幕末の薩摩藩が直面した最大の政治対決は、「島津重豪《しげひで》路線か、島津斉興《なりおき》路線か」というものだ。

島津重豪は豪放な性格に蘭癖《らんぺき》（西洋かぶれ）が重なって、大変な浪費を重ねた。結果、薩摩藩は莫大な借金を背負い、これを重豪の孫である斉興が「しりぬぐい」のような形で返済していく。

重豪は自分が隠居した後も実権を握り、言うことを聞かない息子（斉宣《なりのぶ》）を隠居させ、さらに孫の斉興を操《あやつ》り人形のように藩主にした。

その重豪が可愛がったのが、曾孫《ひまご》にあたる斉彬である。

とにかく、祖父・重豪の浪費で借金苦に泣いた斉興は、我が子ながら重豪に可愛がられている斉彬によい思いはしない。

政策的な相違、実権争い、それに感情のもつれ。やがて重豪が死去すると、待ってましたとばかり斉興派が一気に巻き返しを図って藩の実権を握った。

斉興は調所広郷《ずしょひろさと》を起用して、借金の「二五〇年分割払い」という無茶な条件などを商人に呑ませ、どうにか藩の財政を黒字化させる。

そんな苦労を重ねたせいもあり、斉興は浪費癖の重豪に可愛がられた斉彬に、藩主の座を継がせる素振りも見せなかった。

側室お由羅の方は、自分が産んだ久光《ひさみつ》を跡目にしようと画策を始める。斉興も久光を可愛がる。そんな中で、聡明さを知られていた斉彬を跡目《あとめ》に押す勢力が、お由羅らの暗殺計画を練ったとして死罪を含む大弾圧を受けた。

いわゆる「お由羅騒動」である。

「精忠組」は、その多くが斉彬擁立派であり、主要メンバーの一人・大久保《おおくぼ》利通《としみち》の父もお由羅騒動によって遠島になり、利通自身も役職を罷免《ひめん》され困窮《こんきゅう》にあえいだ。

精忠組がいつできたのか正確にはわからない。第一、「精忠組」という名称も後世付けられたもので、当初は政治的な集まりではなかった。

東郷尚武《とうごうなおたけ》氏（海江田信義《かいえだのぶよし》の曾孫）によれば、最初のメンバーは、西郷隆盛、大久保利通、有村俊斎《ありむらしゅんさい》（後の海江田信義）、長沼嘉兵衛《ながぬまかへえ》の四人であり、後から吉井幸輔《よしいこうすけ》（後の友実《ともざね》）、伊地知龍右衛門《いじちりゅうえもん》（後の正治《まさはる》）ら、藩内の若手斉彬派が集まってきたという（『海江田信義の幕末維新』）。

海江田信義の述懐《じゅっかい》によれば、嘉永《かえい》四年（一八五一）頃に西郷、大久保、長沼、海江田の四人で始めた輪読会がその発端であるようだ。

いずれにしても、斉彬擁立派の若手が次々と集まって一大勢力に成長していくのである。

リーダーには、西郷隆盛がなった。

なぜ西郷がリーダーになったのか。

「自然のいきおいで西郷が首領格となり」（『海江田信義の幕末維新』）というような表現を数多く目にするが、これが理由だ、というものはあまり見かけない。

③自分の勢力をもって政局に影響を与える

政治において派閥はどのようにできるのか。そしてそのリーダーはどのように決まるのか。いまはごく一部の例外を除いて、自前で派閥をつくる政治家はいなくなり、ほとんど前の領袖《りょうしゅう》から派閥を引き継ぐようにしているから、なかなか派閥ができる瞬間というものがわかりにくい。そこで、戦後すぐの頃の一例を挙げてみよう。

岸信介《きしのぶすけ》という政治家がいた。長州《ちょうしゅう》出身で総理大臣をやって、日米安保条約改正を成し遂げた人物だが、毀誉褒貶《きよほうへん》の激しい人で、何度か命を狙われている。

東條《とうじょう》内閣の国務大臣をやっていた、という理由で戦後すぐに戦犯容疑がかけられ、巣鴨《すがも》拘置所に入れられた。東條内閣が倒れたのは岸の東條に対する反抗も一因だったから、間もなく戦犯容疑もとけて釈放になった。

釈放されて出てきたら、世の中はガラリと変わっている。典型的高級官僚だった岸も「タダの人」である。冗談で「フグ屋をやろうと思う」などと友人に話していたくらいだから、少なくとも釈放直後は政治復帰できる状況になかった。

ところが、友人の矢次一夫《やつぎかずお》(国策研究会)によれば、

「岸さんが出てくる（釈放される）と放ってはおかないという雰囲気があって、三好英之《みよしひでゆき》（戦前からの代議士）をはじめとして絶えず人が集まった。それで銀座に事務所ができて、山口県の山の名にちなんで箕山会《きざん》といったんです。……いつ行っても人で一杯なんだ」

さらに、後に岸内閣の運輸大臣になる永野護《ながのまもる》は、

「岸さんは出てきたばかりで金があるわけでもないし、大臣の地位についているわけでもないのに、どうしてあんなに人が集まるのかな」

と不思議がっていたそうである（矢次一夫『岸信介の回想』）。

東郷尚武氏が「自然のいきおいで西郷が首領格となり」と言った意味は、この岸に集まる人々の行動を見ているとなんとなくわかる。

その後、ここに自然に集まってきた人々が中心となって「日本再建連盟」ができ、やがて岸派の基礎となっていく。

最近では、後で詳しく触れる郵政選挙で陣頭指揮をとった武部勤《たけべつとむ》・元自民党幹事長が、「新人議員のための選挙塾」として、「新しい風」というグループを結成した。従来の「派閥」とは違う政策中心の集まりだが、一つの大きな勢力である。

できるだけ楽に地位を得ようと思えば、有力派閥に属してその中で功績をあげればよい。

これは西郷の時代も同じで、権力の中枢に近づいて権力者の衣を借りてのしていくという方法が、一番合理的なのである。

ところが、西郷も岸も武部も、自分がつくった自前の勢力をもって政局に影響を与える。西郷の場合、後に島津久光の怒りを買って何度も遠島に処せられながら、そのたびに復活してくる一つの大きな原因は、西郷を首領とする「精忠組」の力が大きかったのである。

④島津斉彬の「偉大なるイエス・マン」

「自然のいきおいで西郷が首領格」となったとはいえ、そこには理由があるはずである。岸信介にしても武部勤にしても、そこに人が集まる「何か」があったからこそ、勢力ができたのである。

西郷の場合の「何か」とは何であろうか。

こんな話が残っている。

西郷は一八歳で郡方書役助《こおりかたかきやくたすく》として出仕した。簡単に言えば、年貢取り立て役人である。巡察《じゅんさつ》の途中で貧しい農家に泊めてもらった時のこと。夜中にふと気がつくと、馬小屋に明りが灯《とも》っている。戸の隙間からのぞいてみると、その家の主人が馬に別れを惜しんでいる。

年貢が払えず愛馬を手放すところであった。

翌朝、西郷は土地の役所に掛け合い、年貢の納期を延期してもらった（南日本新聞社編『西郷隆盛伝』）。

現在確認されている西郷の最も古い書簡は、借金の礼状である。

自らも困窮の極みにありながら、扶持米《ふちまい》を投げ出して農村の窮状を救ったこともあったから、金には年中苦労をしていた。

後に遠島となった奄美《あまみ》大島の行政があまりにひどいので、流人《るにん》である自らの立場が危うくなることを覚悟の上で、島の役所に強硬《きょうこう》に行政の改善を申し入れたことなど、西郷のこの手の話は、それだけで一冊の本になる。

自分の立場を二の次、というか、立場など顧みず、正義を貫く強さが、同年代の人々をしてリーダーに仰がずにいられない雰囲気を「自然のうちに」醸《かも》し出したのである。

ただし他にも精忠組の面々を見ると、自分のことよりも公のことを優先する連中ばかりだが、西郷は中でも、弱いものに対して徹底的に優しかった。逆に、強く大きなものに対しては、決して妥協せず最高を求めた。

最高を求めた対象の一つが、主君（上司）である。

これぞ、と思う上司にめぐり合うと、徹底的にその人のために働く。島津斉彬は、西郷隆盛にとって理想の上司であった。私心がなく大器であり、しかも思慮《しりょ》深かったと伝えられる。

それ以上に、島津斉彬は海外事情に通じ、日本のこれからあるべき姿というものをかなりはっきり持っていた。

いま政治家の中でどれほどの人が、実際の世界を知り、世界と交流し、世界の政治家と膝《ひざ》を交えて語ることができるであろうか。

さらにその上に、国家の大計を持っているであろうか。

政策に通じていることは政治家の必須条件ではない。政治家とは、「実務家、実行者としての能力ではなく国家的見識に於いて優れていることが何よりの資格なのである」(潮田江次《うしおだこうじ》『政治の概念』)

そういう意味で島津斉彬は、政治家の理想像でもあった。

島津斉彬と出会った頃の西郷隆盛は二八歳。自身すでに人望篤く実務家であるけれども、世界に目を向けていたかというと、それはまだであり、日本全体の行く末を確かな情報や分析によって築くまでには至っていない。それを西郷は、島津斉彬から、あるいは斉彬を通じて知り合った当代随一の人物たちから学ぶことになる。

西郷はまるで砂漠に水がしみ込むように人々の話を吸収し、斉彬に対してはさしずめ「偉大なるイエス・マン」の如く仕えた。

そういえば、武部勤は著書（『それでも改革はやまぬ』）の中で、「偉大なるイエス・マン」について、興味深い定義をしている。

「偉大なるイエス・マンには、三つの条件がある。

第一に、従う上司の方針が正しく、その方針に自分の信念をかけられることが大事である。それには、筋が通っていなければいけない。

第二に、政治家である以上は、その政策が国民のためになる、国民の立場から間違っていないと確信できなければならない。私欲や一部利益のためには働かない。

そして第三に、偉大なるイエス・マンは、確信し信念を持ったならば、どんな困難があろうと壁があろうと、ある時はうまくかわしながら、ある時は自分の政治生命を賭けてでも真正面からぶつかり、絶対に政策（方針）を実現する」

西郷が島津斉彬に対して抱いていた思いもこれに近かったのではないか。

島津斉彬は、農民を救いたい、と願う西郷の建白書《けんぱくしょ》を読んで西郷を近くに呼んだ。当時薩摩藩は「七公三民」の苛烈《かれつ》な徴税でしかも役人は不正を働くため、西郷はなんとか農民の暮らしを楽にしたいと、藩庁に対して何度も建白を行なっている。

斉彬に目をかけられた西郷は中小姓から庭方役となり、まずは江戸で、篤姫の将軍家輿入《こしい》れ、一橋慶喜《ひとつばしよしのぶ》擁立工作などで活躍し、やがては日本全国を飛び回りながら、島津斉彬の文字通り手足となって日本の政治改革に突き進む。

しかし、安政《あんせい》五年（一八五八）に斉彬が急死すると、西郷の前途にも暗雲が立ち込める。

幕府は「安政の大獄」によって、多数の勤皇派を捕縛し斬殺したが、勤皇僧・月照《げっしょう》もその一人として身に危険が及んだ。西郷は月照の保護を求められ、共に薩摩に向かうが、斉彬亡き後の薩摩藩は幕府に対して及び腰で、月照の日向《ひゅうが》追放を決定し、それを西郷に伝えた。

事実上、月照を見殺しにせよ、ということである。

月照は、斉彬らと共に幕政改革のため一橋慶喜擁立に動いた一人で、しかも斉彬急死の時、殉死《じゅんし》しようとした西郷を諫《いさ》め諭《さと》した人物である。

月照を逃がす手だてを失った西郷は、月照と共に錦江湾《きんこうわん》に入水自殺を図った。西郷は命を取り留めたが、月照は死亡。斉彬の弟でお由羅の子である島津久光が薩摩藩の実権を握り、西郷を厄介払いということで奄美大島に流した。

⑤相いれない上司と部下

月照との入水自殺はあまりにも有名で、西郷伝の中では前半のクライマックスでもある。私たちは西郷の人柄や後の行動を知っているから、「さもありなん」と思うが、普通に考えると西郷が月照と共に死ぬ必要はなかったし、西郷が生き残る選択肢はいくつもあった。

というよりも、薩摩藩は「月照を日向に送るように」と命令を下している。藩士ならば絶対に従うべき藩命に西郷が従い、月照を日向に向かわせることは、当時の武家の倫理から言ってまったく不自然ではなかった。

それを無視して入水自殺を図ったということは、一種の「命令違反」である。

島津久光は面白くない。

一方の西郷隆盛にしてみれば、月照に対して面目がないから自殺を図ったのである。

こうして斉彬亡き後、西郷と島津久光の、死ぬまで互いに邂逅《かいこう》することのない主従関係が始まるのである。

島津久光という人物はいつも斉彬と比べて「劣る人物」、もっと極端な場合には「神秘的右翼」（司馬遼太郎《しばりょうたろう》『翔ぶが如く』）などと言われている。

たしかに狭量《きょうりょう》なところはあったし、斉彬が抱いていた国家の大計も持ち合わせてはいなかった。本人は「島津幕府」を最終目標としていたフシはあるが、このことをもって「最低の人物」とは言えない（儒教的な教養では同時代でもトップクラスだったという）。世界の中の日本、という概念を持った大名は当時ごくわずかであり、むしろ島津久光のような考え方が一般的であった。

西郷と島津久光が互いを嫌っていた理由は、第一に久光本人ではないが、その周囲が斉彬の政敵であり、感情的なしこりがあったこと。

第二に、久光に「指導者の資格はない」と西郷が断じたことである。

西郷が抱く理想の指導者は、思慮深く、世界から日本を見ることができ、的確な将来像を持ってなおかつ人格者でなければならないという、斉彬そのものであり、それを久光に求めるのは酷であろう。

そして第三、これは従来あまり強調されてこなかったことだが、最大の対立理由は互いの政治的地盤が異なっていた、ということである。

西郷は斉彬派であり、久光に対抗している。

もしあなたが久光の立場ならば、自分と対立する派閥の突撃隊長だった男を起用するであろうか。おそらくは理由を構えて左遷するか、当時ならば命を絶つことも考慮に入れたであろう。

それによって薩摩の力が相対的に落ちる、などと気にするほど大局が読める人物であれば、久光も西郷を最初から起用したかもしれない。しかし、対立する人物を人事的に屠《ほふ》る時には、その後の影響などいちいち考えないのが普通である。

島津久光は西郷を除くことで自分に対抗する政治勢力の減殺を行なったにすぎない。しかも西郷は幕府から睨《にら》まれている人物だったから粛清するには好都合である。

西郷は敵であっても尊敬に値する人物には敬意を払ったが、政敵である島津久光に対しては、その凡人的狭量を嫌い、政治的にも人物的にも久光を終生尊敬の対象にしなかった。どちらが原因とは断じ難いが、互いのために不幸であったことは間違いない。

文久《ぶんきゅう》元年（一八六一）に一度は許されて藩に戻った西郷だが、翌文久二年（一八六二）、単なる報告の怠慢というか誤解というか、そういうささいな内容で徳之島《とくのしま》から沖永良部島《おきのえらぶじま》へと再び島流しにあう。

事情はこうだ。島津久光が上洛するにあたって、西郷は先発して下関で待て、と命じられた。

ところが、京都で島津上洛の機に討幕の兵を挙げる動きがあると知り、先に京都に行って暴発を止めようとした。

下関に到着した島津久光は、待っているはずの西郷が先に上洛したことを知り、「命令違反である！」と激怒。

「実に反逆の者にて、死罪を申しつけたき程の事に候らえども

罪一等を減じて二度と戻れぬ遠島を申しつけた、と、久光は家老宛ての手紙に書いている。

一方の西郷も「(久光公に）忠義などばかばかしい」という意味の手紙を書き残している。事の深刻さを抜きに考えると、まるで子どものケンカのようなものである。党派間の争いは時として「猿山」のような原始的な闘争になることを示した好例であろう。

西郷が久光に逮捕された直後（文久二年四月二十三日)、京都で暴発を企てようとした精忠組の一部が伏見・寺田屋で、久光の命を受けた同じ薩摩藩士によって斬殺・捕縛された。「寺田屋事件」である。君命を負った襲撃部隊の中には、同じ精忠組の者もいて、いわば同士相討ちのようになってしまった。

リーダーである西郷の不在によって精忠組の事実上の分裂が起き、ここに西郷の政治力は完全に消滅したかに見えた。

⑥権力に取り入るか、正論を吐くか

西郷が、久光の怒りを買って遠島になりそうになった時、もし引き続き政治運動を続けようとするならば、島流しにあうことを避け脱藩という道を探ったであろう。しかし西郷は脱藩せず、久光の命に従って島流しを受け入れる。

この西郷の決断を政治的に解釈するならば、第一に藩内の精忠組勢力の温存を最優先したため。第二に、他日復権した時に藩の主導権を握るには脱藩は大罪であり、これを避けるという狙い。

西郷が脱藩していれば、残った精忠組はもはやいかなる形でも西郷を指導者と仰ぐことはできず、精忠組の薩摩藩における政治力はもっと低下していた。

精忠組ナンバー2の大久保利通が西郷とはまったく逆に久光に接近し、そのお蔭で精忠組の政治力は維持されたが、普通政治組織にとって強烈なリーダーの欠如はただちに組織の崩壊に繋《つな》がる。だから、大久保利通は西郷と同等、もしくはそれ以上の組織を維持する政治力を持っていたことになる。

西郷自身は大久保をこう評している。

「もし一個の家屋に例ふれば、われ（西郷）は築造することにおいて遥かに甲東（大久保）に優って居ることを信ずる。しかし、既にこれを建築し終わりて、造作を施し室内の装飾をなし一家の観を備ふるまでに整備することに於いては、実に甲東に天凜あって、我等の如きは雪隠（便所）の隅を修理するもなお足らないのである」（『甲東逸話』）

つくったり壊したりするのは自分（西郷）のほうが優れているが、制度として国を仕上げる手腕は大久保に敵わないというわけである。

大久保のような人物は、事が守りに入ると強い。組織が弱体化した時には誠実で緻密な計算のできる、つまり故障して燃料のほとんどなくなった飛行機を慎重に飛ばし続ける技量が必要になる。

西郷のように「こんなアホな上司とやっていられるか」（事実、幕政改革のために久光が上洛しようとした折、「久光公には無理だ」という発言をして大久保に説得されている）というのではなく、相手がアホだろうがカスだろうが、現に権力を握っている相手の懐に入っていくという、ある意味では極めて政治的な行動が、大久保にはできた。

「およそ政治家を志す者が、属僚より出でて要路に登るにあたっては、第一に長上の信を得ることが必要である。……もっぱらその信任を得るの心がけがなくてはならぬ」（同前）

権力を嫌っていては権力を得られない、というのが大久保の政治家としての姿勢であった。それは大久保のように、権力を操ることのできる人間だからこその姿勢であり、もし大久保の能力なくして権力に取り入れば、それはただのお追従《ついしょう》、ゴマスリにしかすぎない。ゴマスリ政治の行く先は停滞と混乱である。

だからこそどのような時代でも、大事な転換点で正論を吐ける西郷のような政治家が必要なのである。

時代の転換点に、絶対権力に逆らっても正論を吐いた政治家がほかにもいる。

岸信介が東條内閣の国務大臣（軍需次官）だった昭和十九年（一九四四）、東條は意見の合わない岸に対して辞職を促した。しかし岸は納得しなかった。もはやサイパンが陥落《かんらく》し、日本の敗勢は見えている。被害が拡大する前に戦争を終えるべきだ、という岸の主張に、東條は内閣改造で岸を辞めさせて乗り切ろうとしたのである。

そんなこともあってこの頃岸は、東條の息のかかっていた憲兵隊から睨《にら》まれていた。ある時岸のところに憲兵隊の隊長がやってきて、軍刀を床に立てていきり立ち、岸を恫喝《どうかつ》した。

「東條総理が右向け右、左向け左と言えば、それに従うのが閣僚ではないか！　それを、東条総理の意見に反対するとは何事か！」

時に四八歳の岸信介はまったく動じず、憲兵隊長を睨みつけて言い放った。

「黙れッ、兵隊！」

憲兵隊長は、岸の一言にたじろいだ。岸のことを東京帝大出のモヤシのような官僚大臣と想像していたからである。

「いいか、よく聞け。お前のようなことを言う者がいるから、東條さんはこの頃評判が悪いのだ。日本において『右向け右、左向け左』と言える力を持っているのは、天皇陛下だけではないか。それを東條さんが言うならともかく、お前たちのような訳のわからぬ兵隊が言うとは何事だ！　下がれ！」

岸信介は、当時泣く子も黙ると言われた憲兵隊を圧倒した。憲兵は「覚えておれっ」と捨てぜりふを吐いて逃げ帰った。

東條の評価は本書のテーマではないから詳述は避けるが、当時の東條は絶対権力に近い政治権力を有しており、それに歯向かうことは即拘禁《こうきん》などを意味した。現に、反・東條の言論や動きをした人々、たとえば新聞記者や後の東海大学創設者である松前重義《まつまえしげよし》らは「懲罰徴兵」を受けて最前線に送り込まれ、政治家の中野正剛《なかのせいごう》は自決に追い込まれた。

東條の行為を知る者にとっては、東條に歯向かうことは自滅を意味するとわかっていた。それでも岸は時代の転換点に上司に楯突いたわけである。

平成六年（一九九四）、自民党と社会党の連立騒動の時にも、同じようなことが起きた。

「政権を維持するためならば、数合わせで、政策のまったく違う社会党と連立を組んでも構わない」

という暴論がまかり通って、自・社連立の村山《むらやま》内閣ができるのである。

自社連立は、日本の政治を根本からおかしくした。思想や心情はともかく、政策が正反対の政党どうしが数合わせで一緒になるというのは、両党の政党としての存在理由が消し飛んだということである。

つまり、選挙で国民に訴えた政策なんかどうでもいい。数が集まりゃ政権奪取だ。こんなことを認めたために、結局社会党は従来の支持者の多くから見放され極端に勢力を減少させ、自民党もその後、麻生太郎《あそうたろう》内閣に至るまで、必ずどこかの政党と連立を組まなければ政権を維持できない体《てい》たらくになっている。

元凶は、「政策無視・数合わせ優先」の自社連立なのである。

この時、村山富市《とみいち》を総理に指名するよう、自民党の両院議員総会で河野洋平《こうのようへい》総裁（当時）

が、

「(村山富市を)担ぐことになりましたが、みなさまのご協力を。了解して戴きたい」

と喋《しやべ》った。次の瞬間、議員席から大声が響いた。

「了解は、しないッ!」

武部勤である。

「社会党はどこが変わったのか。自衛隊を合憲と認めない、日の丸も君が代も認めない社会党の委員長を、総理大臣にはできない!」

怒号のような野次が武部に向けて飛んだが、武部は野次の方向を睨みつけて続けた。

「これは野合ではないか! 自民党は自らが批判していた野合をやるというのかッ。これは自分の政治信念から許せない。総裁の発言を撤回してほしいッ」

武部は発言するのみならず、首班指名でも村山に投票せず、政調会の交通部会長辞任に追い込まれた。そこには、政局的な計算は働いていない。こういう行動は政治家としては損をするのだが、武部にはこうした「それでも正論を吐く」という姿勢がよく見られる。

「人間というのは、なるべくなら人から嫌われず、そのために真ん中にいたいものだ。右か左かはっきりしないで、時勢が動くのをじっと待って、動き出したらようやくそれに付和雷同する」（『それでも改革はやまぬ』）

小泉純一郎《こいずみじゅんいちろう》という人物はそうではない、と続く武部の言葉である。世上、小泉純一郎と武部勤はイメージとしてまったく対照的に見られているが、その基礎になる部分、つまり「正しければ妥協しない」という部分は、同一に思える。もちろん政権が行なった個々の政策評価については詳細に見ていく必要があり、無批判に受け入れることは大変危険である。しかしながら政治家の姿勢として、西郷や岸と通じる「仮に損をしても正論を」という姿は、評価できる。

⑦三〇名の精忠組にあって、巨大組織・徳川幕府になかったもの

さて、遠島になって政治力を失った西郷だが、しかし島津久光に接近し取り立てられた大久保利通のお蔭で精忠組は政治力を維持した。同時にその勢力を維持した精忠組が中心となって、西郷の赦免《しやめん》を島津久光に嘆願した。

西郷赦免を決めた時の、島津久光の言葉が残っている。

「孟子に、『人を登用するには左右賢なりといえども、自らの目で見定めぬかぎり抜擢などしてはならぬ』とある。しかし、お前たちがそれほどに言うものを、愚昧《ぐまい》な自分独りがさえ

ぎるのもよろしくない」（上田滋《うえだしげる》『西郷隆盛の世界』）

精忠組の人々による西郷「奪還」である。これは言い換えれば、領袖《りょうしゅう》・西郷を待ち望んだ西郷派の政治的勝利でもある。

まず間違いなく、大久保一人で西郷赦免は実現できず、もちろん島津久光個人も西郷復帰を望んでいない。本気で遠島のまま飼い殺しにするつもりであった。「愚昧な自分」と久光が卑下《ひげ》しているところに、久光の悔しさがにじみ出ている。いずれにしても、精忠組という政治勢力があったからこそ、西郷は復帰できたのである。

西郷は藩に戻ると中央政界に再び躍り出て、今度は精忠組という小さな背景ではなく、薩摩藩という巨大な政治勢力を自らの力として維新回天を図っていく。

精忠組の西郷から、薩摩の西郷に変わったわけである。

その後の活躍を見る前に、精忠組について一つだけ触れておきたい。

私たちはたとえば吉田松陰《よしだしょういん》の松下村塾《しょうかそんじゅく》や、坂本龍馬《さかもとりょうま》の海援隊《かいえんたい》や、薩摩の精忠組など、幕末に活躍もしくは活躍した人物を輩出した組織を見て、「彼らが歴史を動かした」という印象を持つ。しかし考えてみれば、いずれの組織も数十人にすぎない小さな組織である。

もっとお金があって人材も揃って人数もたくさんいるという、条件のよい組織はいくらでもあった。典型的なのは徳川幕府である。

第5章で詳しく触れるが、幕末の、末期症状を呈していた徳川幕府ですら、人材は他の藩を軽くしのいでいた。幕閣には阿部正弘《あべまさひろ》、堀田正睦《ほったまさよし》、中堅どころでも勝海舟《かつかいしゅう》や小栗忠順《おぐりただまさ》、大久保一翁《おおくぼいちおう》、岩瀬忠震《いわせただなり》、川路聖謨《かわじとしあきら》、江川英竜《えがわひでたつ》等々。小栗などは明治新政府が打ち出した政策と変わらない、たとえば造船や製鉄、近代郵便制度などを考えていた。また幕府は政権を担っているということで海外からの情報もいち早く摑《つか》む立場にあり、海外事情に通じた幕臣も多く、さらに財政逼迫《ひっぱく》とはいえ、他の大名など足元にも及ばない金銭的優位もあった。

にもかかわらず、なぜ幕府は機能不全に陥ったのか。

なぜ地方の、薩摩藩や長州藩などの、身分の低い少数の人々が日本を動かし得たのか。

様々な原因はあるが、精忠組のあり方と徳川幕府を比較すると、そこに「リーダーの有無」「血盟的繋がりの有無」がはっきりと現われてくる。

阿部や勝や小栗らは幕府全体を背負うリーダーとしてどうだったのか。

巨大な組織を動かすには障害も多く、それを彼らの無能に結びつけるのは酷である。しかしながら、一方でなぜ精忠組という、総勢三〇名前後の小さな政治組織が薩摩藩七〇万石を動かし得たのかといえば、それはリーダーたる西郷の明確な意思と、それを支える血盟的同志が存在したからである。

政治では意思なき一〇〇人は、強烈な意思を持った数人によって簡単に支配される。その「数人」が互いに血盟的な繋がりを持ち、信頼に足るリーダーがいれば、一〇〇人は支配されるのである。

これはいまの政治でも言えることで、たとえば選挙の時の支持者についても同じことが言える。

昨今、郵政選挙で当選した選挙地盤の弱い一年生議員は、多くが二回目の当選は難しいだろうと言われている。

選挙地盤とは何か。それは、議員を応援する人々の層であり、層はたとえ狭くても深いほうが選挙には強い。票をたくさん取るには広く浅く支持を得る、と考えがちだが、それは間違っている。

「票を掘り起こす」

と表現されるのは、落ちている票を拾うのではなく、深く自分の支持層を掘り下げろ、という意味である。

たしかに一時的な流行で当選する議員は、「広く浅く」でよい。タレント議員はその典型である。だが本来政治家たる者は、深く支持層を掘り下げる努力が必要なのである。

深い支持層とは何か。それは、自分を理解し、自分を他のなによりも優先して応援してくれる人の層である。

なんとなく支持する一〇〇人よりも、「俺は絶対にお前を信じている」という一人がいれば、一〇〇人は後からついてくる。

だから、こうした人を一人でも得られた新人議員たちは、当選の可能性が高いのである。深い支持というのは、利益誘導や口車に乗せるようなことでは絶対に得られない。人間として真剣に問題と向き合い、人々のことをなにより優先に考えてこそ得られるものである。人に「俺のことを優先に考えてくれ」と頼み、自分も自分のことを優先しているような候補者では当選などできるわけがない。

一方で支持者の言うことをなんでも聞け、というわけでもない。

支持者はいわば国家の縮図である。彼らの生活や考え方や将来について真剣に考えた時、そこに国家としての日本の未来も見えてくる。

これに加えて、世界の中の日本という認識と見識があれば、エゴと地元利益誘導だけの政治になるわけがない。幕末ですら海外事情を考えない大名は表舞台に出てこられなかった。

ましてグローバル化の進んだ現在、世界に興味のない政治家が中央で時代を転換する政治ができるとは考えられない。

自らが接した農民の窮状を救おうとし、次に日本国全体の未来を考え、島津斉彬の教えによって海外に目を見開いた西郷が、精忠組の絶対的信頼を得たのは当然のことと言える。

西郷のような人物のいない組織は、どんなに金があっても人材がいても、「宝の持ち腐れ」になるのである。

2、政治家として西郷隆盛が一流である理由

①西郷の「手段を選ばず」と違う最近の「手段を選ばず」

西郷には様々な顔がある、と坂本龍馬の章で述べた。

温情と慈愛の顔。

冷酷で非情な顔。

さしずめ、沖永良部島から帰ってきて戊辰《ぼしん》戦争終結までの四年間、西郷はまさに冷酷非情の顔で戦い続けた印象がある。

それはまず、第一次長州征伐で見せた「長州討つべし」の強硬論であり、続いて第二次長州征伐での、手のひらを返したような傍観《ぼうかん》である。

長州征伐と薩長同盟については第2章で詳しく触れたので、簡単に西郷の姿勢を解説しておきたい。

第一次長州征伐は「西郷がお膳立てしたようなもの」（南日本新聞社編『西郷隆盛伝』）と表現されるように、西郷は徳川幕府内で征長の総督が決まらないのを知ると、将軍家茂《いえもち》を上洛させて一気に長州撲滅《ぼくめつ》というケリをつけようとした。

しかも、長州藩内部の「恭順派」と「抗戦派」の対立を察知して、この対立を利用し、「長人を以て長人を征す」という悪魔的な献策もしている。つまりは同士討ちを演じさせて恭順派に勝たせれば、長州藩は幕府軍と戦う前に降伏してくれるという策である。

「長州藩のほうで先に降伏してくれれば、薩摩を含んだ幕府軍が長州に攻め込まないですむ」

と考えたからだ、という見方もある。が、この時点で薩摩は明らかに幕府側にいる。西郷個人は「長州はいずれ手を携える相手」と考えていたようだが、第一次長州征伐の段階では敵として一度叩いておこう、というのが薩摩の意向であった。だから単純に長州内部の攪乱《かくらん》を誘発させて、戦うにせよ戦わないにせよ、長州を弱体化しようという西郷の考えではなかったか。

ところが、第二次長州征伐になると様相が一転する。

幕府は「長州への処分が甘すぎる」として第二次長州征伐を起こすが、まったく説得力がない。しかもこの時期西郷は、勝海舟ら幕府内からの情報で、もはや徳川に時勢を動かす力なしと見切っており、薩摩藩は長州征伐傍観を決め込んだ。

その間薩摩藩はせっせと富国強兵に励んでいた。

同時期に坂本龍馬らによる薩長同盟への下準備が進んでいたこともあり、薩摩は内々には舵《かじ》を反・幕府に切っていく。

それまでいわば幕府の側として共に長州と戦ってきた薩摩は、細かい経緯はあるものの、情勢を読み切って手のひらを返したのである。

こうした薩摩の変心は幕府から見れば裏切りであるが、薩摩藩にしてみれば、自分たちの政治目標を純粋に追い求めた結果、今度は幕府を見限るという結論になっただけである。薩摩の政治目標は、政治の安定と諸外国の脅威に対応するしっかりした政府の樹立である。もはや幕府は頼むに足らず、となれば、幕府を見限るのも薩摩にとっては裏切りではなく政治なのである。

最近の政治情勢でも裏切りが横行したが、平成十九年（二〇〇七）に起きた「自民・民主大連立騒動」は、西郷が幕府を見限ったこととまったく違い、ずいぶん醜く幼稚であった。福田康夫《ふくだやすお》総理（当時）は参議院での与野党逆転で政治が不安定化し、機能不全に陥ることを懸念した。そこで民主党の小沢一郎《おざわいちろう》代表と連立の話し合いをし、小沢代表はいったんは承知したものの、民主党内の反対であっさりと連立構想を破棄した。

どうすれば政治が安定するのか、国がよくなるのかと考えた末、連立という話に乗ったはずが、党内をまとめきれなかったから、という理由で一方的にやめたわけである。

リーダーとして正しいと思ったことを貫徹《かんてつ》するのではなく、その場その場で相手の都合も考えず進んだり突然引っ込んだりする小沢手法は、西郷の「政治目標の貫徹のため手段を選ばず」とは根本的に違う。典型的な、公益よりも私益を追求するタイプの政治である。

さて。

西郷は無理やり徳川に戦端を開かせるために、関東、とくに江戸市中で乱暴狼藉《ろうぜき》の限りを尽くした件もすでに触れた。相良総三《さがらそうぞう》率いる煽動《せんどう》隊が江戸で火付け盗賊を働き、江戸を警備していた庄内《しょうない》藩などが江戸の薩摩藩邸を焼き討ち。江戸での薩摩藩による乱暴狼藉を伝え聞いた大坂の幕府軍も怒り心頭で、ついに戦闘を開始。鳥羽伏見《とばふしみ》の戦いに発展する。

そして「悪政と腐敗の幕府を打ち倒し『万民を塗炭の苦しみから救う』という前代未聞の大スローガンを掲げ」（『西郷隆盛の世界』）て、西郷は東征軍《とうせいぐん》大参謀として江戸に向け進軍する。

実際に幕府が組織疲労を起こして、諸外国との関係や国内問題解決のために機能しにくくなっていたことは事実であるが、だからといって武力討幕の理由になるのか、疑問である。現に、山内容堂《やまうちようどう》らは徳川も含めた新しい政治のあり方を模索しており、筆者は当時の状況の中で、山内容堂の考え方はじつに現実的だったと判断する。

では西郷の武力討幕の意味は何であったのか。

もちろん、薩摩の政治権力掌握のためには、当時最大の政治・軍事組織であった徳川には消えてもらわねばならない。

同時に、もし徳川の政治権力が残っていたら、政策推進に支障が出ると考えていたのであろう。なぜならば、西郷は第一次長州征伐で総督を決めるのに、幕閣と一橋慶喜らの意見対立があってまったく話が前に進まない事態や、諸外国に対する失策の数々など、幕府内のどうしようもない停滞を目にしていたからである。

（このまま徳川が政権に参加すれば政治は停滞する。ここは思い切って徳川を討つ、という判断をすべきだ）

郵政選挙の時の小泉政権・武部執行部も、西郷と共通する厳しさを持って戦いに臨んでいた。

②指導的立場に立つ人間が、絶対にやってはいけないこと

「本日、衆議院を解散いたしました。私が改革の本丸と位置づけてきました、郵政民営化法案が参議院で否決されました。いわば、国会は郵政民営化は必要ないという判断を下したわけであります（中略）私は本当に国民の皆さんが、この郵政民営化は必要ないのか、国民の皆さんに聞いてみたいと思います」

小泉総理（当時）が、衆議院解散の会見で述べた言葉である。

武部勤幹事長（当時）をトップとする自民党執行部は、すぐに臨戦態勢に入った。

郵政民営化というものを一つの大きな政治目標とするならば、その達成のために必要なのは法案に賛成する議員数であり、敵は野党と同時に自民党内にもいた。

政治目標達成のためには、衆議院を解散して賛成する議員を集めること。これしかない。

勝つための方法として、
（1）すべての選挙区に「郵政民営化賛成」の候補者を立てる。
（2）自民党候補者といえども民営化反対の候補者はいっさい公認しない。
（3）志を同じくする候補者を一般から公募する。
この三つが徹底して行なわれた。

とくに自民党の現職議員であっても民営化に反対の議員は公認しない、という方針は、世間だけではなく当の議員たちを驚かせた。

「本当にそんなことができるのか」

これはかなり難しいと思われたが、武部は方針を貫いて公認を出さなかった。

困難が予想されたのは候補者の選定だった。解散はある程度予想していたものの、突然であることに変わりはない。

候補者が足りない選挙区には公募した候補者を、落下傘同然に配置して戦った。当初劣勢が予想されていた自民党は、小泉総理の「国民に聞いてみたい」会見を境に選挙戦が進むにつれて支持率を伸ばしていった。

時の勢いとはおそろしいものである。

じつは、西郷隆盛が熱望して手段を選ばず戦いに持ち込んだ戊辰戦争だが、軍資金不足が深刻な上、当初は日本中ほとんどの大名を敵に回していたから、軍勢も不十分であった。官軍は時々進軍が止まる。軍資金や軍需物資不足でのことだった。

もし本気で徳川慶喜が反撃に出れば、薩長の官軍は負けていたのではないか、と予想する人もいるほどである。

しかし、それでも勝ち進んだ理由は、徳川慶喜があくまで恭順《きょうじゅん》を示したことと同時に、攻め上る薩長軍に対して諸大名たちが、我も我もと将棋倒しのように徳川を裏切り薩長側に寝返ってきたからである。

呆れたことに、あの「安政の大獄」を行なった井伊直弼《いいなおすけ》が藩主を務めた彦根《ひこね》藩も、藩論を転換して薩長の官軍に寝返った（むろん井伊直弼は暗殺されていて当時はいない）。

郵政選挙でも、それまで声高に「民営化反対！」と叫んでいた有力議員たちが、鳴りを潜めて「にわか民営化賛成派」になったのは記憶に新しい。

生き残るためには政策変更もやむを得ない、という人や組織は、いつの時代にも存在する。それは人間の持つ弱さであり生存本能であるから、全否定はしない。しかし、指導的立場に立つ人は、絶対にやってはならない。その場のご都合主義で政策を変更するような政治家を選んでいたら、そしてもし間違えてその人間が総理大臣になったら、この国の行方をご都合主義で決められてしまう可能性がある。

戊辰《ぼしん》戦争当時、元々は身分の低かった西郷隆盛が江戸総攻撃の実質的な司令官になれたのは、薩摩藩の代表者という立場だけではない。西郷は、自分のエゴやご都合主義で物事を決定するような人間ではないことを周囲が知っていたからである。そうでなければ進軍の途中でおかしなことになる。

現に、北越長岡《ほくえつながおか》攻撃を担当した軍監・岩村精一郎《いわむらせいいちろう》は、その未熟な対応で戦わずにすんだかもしれない長岡藩を敵に回し、味方に大損害を与えた。周囲から尊敬されるわけもなく、彼は「お飾り」のような存在として祭り上げられたまま戊辰戦争の終戦を迎える。

そういう意味では、郵政選挙を取り仕切った武部勤は最初、「軽量幹事長」と言われた。派閥の領袖でもなく、閣僚経験に乏しく、二世議員でもない。それでも見事に選挙を最後まで取り仕切ったのは、彼がエゴやご都合主義など皆無で、ただ当選者を増やすため死に物狂いで戦っていることを、周囲が知っていたからである。

一つのエピソードがある。

選挙に入って、落下傘同然でなんの準備もなく戦い始めた多くの公募候補者たちは、郵政民営化反対の立場をとる地元党県連などからソッポを向かれたり、いじめられたりする例があった。武部は、

「私は何が嫌いと言って、『弱いものいじめ』くらい嫌いなものはない。郵政民営化に反対ならば、党の幹事長である私と戦えばよい。堂々と党に叛旗を翻せばよい。それを、寄る辺なき新人候補者を陰湿にいじめてよいものか」（『それでも改革はやまぬ』）

武部は積極的に中央から応援を入れ、自身も全国に飛んだ。そして九月十一日の開票当日。夜八時になってテレビ各局は出口調査の結果を発表した。

多くの局が「自民党、三〇〇議席超えか」と報じた瞬間、「ウォーッ」というどよめきが、自民党本部の建物に響きわたった。

竹中平蔵《たけなかへいぞう》（当時、経済財政担当兼・郵政民営化担当大臣）は、武部と共に幹事長室にいた女性職員が、手で顔を覆って号泣するのを目撃している（竹中平蔵『構造改革の真実』）。

それは、この選挙の過酷さを象徴していた。

執行部にエゴやご都合主義があれば、こうした結果は生まれなかったであろう。「風だ」「勢いだ」というが、戊辰戦争でも郵政選挙でも、指導的立場の人間がいい加減なら絶対に好結果は生まれないし、結果がよくてもすぐにひっくり返る。自民党はいま、そういう意味で岐路に立っているのかもしれない。

③出会う者をことごとくファンにする西郷

戊辰戦争は官軍側の勝利に終わり、西郷の前半生はここで一区切りがつく。

軍人ではなく政治家として活躍する西郷の後半生を見ていく前に、政治家の条件について考えてみたい。

前著でも触れたが、読まれていない方のためにも若干の重複をお許し戴きたい。

政治家として根本的に必要なのは、肉体的にも精神的にも、①強いエネルギーを持っているということ。何をするにしても、エネルギーの小さい政治家では仕事が中途半端になる。

その上で、国民からの意見・要望集約という機能を考えると、国民世論に対して常に敏感でなくてはならない、つまり②感受性が鋭くなくてはならない、ということが言える。

次に、集約された意見を政策に活かしていく実行力という面で、③折衝力や交渉力に長《た》けていることも大きな要素であり、さらに国民に対する教育・啓蒙という役割を考えると、④弁舌や文筆といった自己表現力に優れていることも、大切である。

⑤組織化に長けていることも重要である。組織化できる人は、人脈を持っているということであり、その人脈は、単に知り合いというだけでなく、「役に立つ人」である。大きなエネルギーを持ち、感受性が鋭く、自己表現力と組織化に長けているということが、政治家の機能面から考えられる適性である。

政治家個人の性格、人格の面から考えてみるとどうなるか。

政治家という仕事は、多くの人から話を聞き、多くの人を説得し、多くの人を動かし、そして多くの人に成果を報告するということが必要である。

この際、つまり多くの人と接する時に必要な性格はどのようなものであろうか。まず、基本的に人から好かれなければいけない。それゆえに①親しみやすさがなければならない。

人から好かれるには、身近に感じてもらうこと。つまり、偉ぶらずに庶民的であり、ユーモアのセンスがあって、しかも話し方が官僚的でない、等々が挙げられる。親しみやすいということは、自分に近い、あるいは自分が好ましく思う人と同じである、という雰囲気がなければならない。

次に、②威厳。威厳は、威張っている、ということではない。畏敬《いけい》、敬愛の念を人に抱かせる、という意味である。畏敬や敬愛というのは、何か行動や言動があって、その結果として生まれるのではなく、理屈以前に、それこそ会った瞬間に惹きつけられてしまう。つまりは「もっともらしく見える」ということである。

もちろんこれらは現代の政治家に求められる資質であって、西郷の時代の政治家とイコールではない。しかし西郷はかなりの部分でこの条件を満たしている。

第一に、エネルギッシュである。

政治家がエネルギッシュであるか否かというのは、なにもギラギラしているかどうかではなく、執念深く諦めずに政策達成へ努力し続けられるかどうか、ということが大きい。そういう意味で、二度も遠島となり、幾度も命の危険にあいながら政治目標を達成しようと努力し続けた西郷は、並み外れたエネルギーの持ち主である。

第二に、感受性が鋭いという点は、農民の苦しみを見捨てることができずに自腹で救済するなど、西郷の感受性は豊かであり、また一面、情報を分析して幕府への見切りをつけるなど、敏感に情勢の要点を理解する力もあった。

第三の折衝力や交渉力は言うまでもない。薩長同盟締結の折、一度は会談をすっぽかした理由は、薩摩にとってのタイミングと、政治的計算による。討幕の密勅を出させる企てについても、西郷の恐るべき交渉力を感じさせる。

第四の自己表現力であるが、その報告書が目に留まり、島津斉彬の側近に引き立てられた話は書いた通りである。文筆力は確かである。同時に、こんな逸話が残っている。西郷は人が話を聞きに来ると、「自分は落語家ではないので、そちらから何でも質問してくれ」と言って話をし、聞き終えた者はあたかも春風に触れるような気持ちになり、「辞して門を出るときは、誰も心中言うに言われぬ愉快を感じた」(『甲東逸話』)という。

話し終えて相手に愉快を感じさせるというのは、究極の自己表現である。言った話がすべて相手の腹中に見事に収まったなによりの証拠である。

第五の組織化は、システムとして組織をつくることは大久保に劣るが、その長となって組織を安定させ、同じ方向を向かせる力は抜群である。もし長州征伐の時に西郷がいなければ、薩摩藩は幕府に従おうとする一派と長州を助けようという一派に分裂していた可能性がある。

そして人脈づくりについては、島津斉彬が見抜いた通りで、西郷は会う相手をことごとく自分のファンにしてしまう魅力を持っていた。思慮深さと鋭さ、そして人を受け入れる度量などが、地位の高い人間、学識豊かな人間をも魅了し、それが人脈となって維新の大事業を成し遂げていく。

④「風圧」を感じさせる岸と西郷

西郷個人の性格、人格から見た条件はどうか。

第一に、親しみやすさは群を抜いている。

後に満洲軍総司令官として日露戦争を勝利に導く大山巌《おおやまいわお》は西郷隆盛の従兄弟《いとこ》だが、維新直後の頃、若い大山たちはお金はないけれども鰻《うなぎ》が食べたくなった。仲間と行った先が西郷の家。だが、あいにく西郷も金がなかったので、なにやら奥でサラサラと習字をしている。

「これを持って、一蔵《いちぞう》どん（大久保利通）のところに行きやんせ」

中国の有名書家の書だから、大久保は高く買ってくれるというのだ。

大山たちはいつも謹厳《きんげん》な大久保が苦手であったが、背に腹は換えられず大久保の家に行った。書を一目見た大久保は、

「どうしてそんな有名な書家の書が、こんなに墨痕鮮《ぼっこんあざ》やかなのだ。いまし方書いたようでは

ないか」

そう言いながらも金を出してくれたという。

大山たちが「鰻が食べたい」と思って、行った先が明治政府の頂点に立つ西郷であったということと、大久保のほうが金を持っていると知っていても、彼らは西郷のところに行ったという事実からも、西郷の人柄がよくわかる。

また、政府から事実上引退して鹿児島に戻り、うさぎ狩りをしていた頃のこと。

よく立ち寄る農家に一五歳の娘がいて、西郷がやってくるといつも娘が給仕の手伝いをした。

西郷が猟で疲れた身体を休めて床に寝ている時に、娘がお茶を持ってきた。

「ああ、お前の顔を見たら、元気が出たよ。こーれ、この通り」

そう言うと、西郷は腕をぐーっと伸ばして娘に見せた。

農家の娘相手にこんなしぐさをすることも、よほど砕けた性格でなければできない。

娘（南セキ）自身も、「西郷さんはおそろしいような大きな身体の方でしたが、お心は誠にお優しくて、私たちのような賤しい者にも、いつも優しくお言葉をかけてくださいました。そしていつも面白いことを言って笑わせてくださる方でした」と言っている。

ユーモアということで言うと、西南戦争の終盤、西郷軍の敗勢が明らかになり、延岡《のべおか》から後退して鹿児島を目指すことになった。この時、兵の数も少なくなっていたため、峻険《しゅんけん》の可愛岳《えのだけ》を通った。官軍に気づかれぬため夜の行軍が多かったが、真っ暗闇の中を、木の根や岩肌を這《は》うように行かねばならない。そんな時西郷は、

「がっつい、夜這《よば》いごつじゃなぁ（まるで、女性のところに忍んで行く夜這のようだなぁ）」

と言って、緊張と疲労の極にあった部下たちを和《なご》ませることもあった。

威厳についてはどうか。

あまりにも多くのエピソードがあるが、あの東京駅をつくった「大風呂敷」の後藤新平《ごとうしんぺい》が西郷を遠くから見た時に、その存在感に圧倒されたという。

そういえば、岸信介にも面白い印象談がある。

政治アナリストの伊藤惇夫《いとうあつお》氏が、議員を引退して老境の岸に用件があって会いに行った。

「三〇分ほどの面談の間、何も知らなければどこにでもいる温和な老人そのもの、といった対応をしてくれたにもかかわらず、表現しがたい風圧に体はこわばり、手のひらにはじっとり汗が吹き出していた」（伊藤惇夫『政党崩壊』）

西郷は五一歳（満四九歳）で亡くなっているから、岸のような枯れた風はなかったであろ

うが、しかし恬淡《てんたん》として物や金に一切執着がなく、接する態度は温和であるにもかかわらず、岸と同じように「風圧」を感じさせたのであろう。

西郷はやはり、政治家としても一流だったと言える。

3、リーダー適格者の条件

①下に有能な部下がつけば、国家の制度設計もできる

いよいよ、西郷の後半生である。

西郷は維新後、新政府の参議として最高意思決定機関の一員となり、東京に在住した。

その頃、廃藩置県《はいはんちけん》や秩禄処分《ちつろくしょぶん》など、武士の価値観や生活基盤を揺るがす改革について山県《やまがた》有朋《ありとも》は心配していた。それは、「もし西郷が廃藩置県に反対したらどうするか」、ということ

である。

廃藩置県は日本全国から大名をなくすことであり、それは武士階級の存在否定に繋がる大変革であった。

維新後、武士たちが困窮し始めているのを見て、西郷はひどく同情しており、その点で山県の予想は杞憂《きゆう》ではなかった。

なぜ、廃藩置県が必要だったのか。

当時の新政府が持っていた石高は八九〇万石。その他の大名たちが持っている石高が三〇〇〇万石。新政府は八九〇万石だけで日本全国の政治をせよというのだから、これは無理がある。藩をなくして租税を中央政府で管理する体制がどうしても必要であった。

山県有朋は、

「もし西郷がウンと言わなければ、刺し違える」

という覚悟で西郷を説得しに行くが、西郷はすんなり廃藩置県を諒承《りようしよう》した。

感情と政治を峻別《しゆんべつ》する理性を、西郷はきちんと持っていたのである。

西郷の維新後の政治的立場はどういうものかと言えば、薩摩閥の頭領であり、新政府の事実上のトップであった。その政治的背景はやはり薩摩であり、力は不動のように思えた。

政治というのは意思である。こうしよう、ああしようという意思がなければ、政治の舞台の上で躍り続けることはできない。

維新後の西郷の姿というのは、新しい劇団をつくって主役として登場しているのに、役割を演じようとせずにすぐ楽屋に帰りたがる役者のようでもあった。

自分の役割は維新の成就《じようじゆ》で終わっている。家はつくった。後の造作は大久保にまかせたい。そういう気分があったのではないか。

元々西郷には新国家でのシステムをつくる能力がなかった、とする人もいるが、私はそうは思わない。自分は家を建てたり壊したりするのが得意で、中身は大久保のほうが遥かに優秀だ、というのは、たしかに西郷自身の特徴ではあるが、謙遜《けんそん》した発言でもある。

すでに上田滋氏（元東京教育大学附属桐が丘養護学校教諭）が指摘されているように、明治四年（一八七一）〜明治六年（一八七三）の間、大久保利通や木戸孝允《きどたかよし》、岩倉具視《いわくらともみ》らが外遊し、西郷が留守政府の首席参議時代、さきに触れた廃藩置県や秩禄処分、廃刀や徴兵制など士族特権の剝奪《はくだつ》に関する政策を敢行した。

また、地租改正、職業選択・信教の自由、人身売買の禁止、差別身分の廃止、司法の行政からの独立、義務教育の学制公布、国立銀行条例、太陽暦の採用など、政治的成果はかなりの数にのぼる。

もちろん、西郷を支えた江藤新平《えとうしんぺい》や大隈重信《おおくましげのぶ》たちの功績が大きいが、西郷にまったくシステムづくりの能力がなければ、これら施策を勝手に江藤たちが制定することは不可能である。つまり、西郷のような要点を見逃さない政治家は、下に有能な部下がつけば、国家の制度設計についてもきちんとこなせるのである。

②西郷は、反・大久保派の拠る場所

征韓論《せいかんろん》で見せた西郷の政治姿勢については、様々な説があってはっきりしない。朝鮮が国を開こうとしないのに対して、西郷は自分が朝鮮に行き説得をするのだということで、一度は正式に西郷の朝鮮派遣を決定する（明治六年八月十七日）。しかし、外遊から帰国した大久保利通や木戸孝允、岩倉具視らはこれに反対し、ついに派遣は延期となった。西郷ら征韓論派は下野し、西郷自身は鹿児島に帰ることになる。

征韓論、という名称と西郷の朝鮮派遣は、イコールではない。むしろ西郷は、外務省の佐田白茅《さだはくぼう》らが出してきた朝鮮への出兵建議を否定し、自分が丸腰で行けば相手も話を聞いてくれる、という「話し合い」派遣を主張したのである。

大久保たちが懸念したのは、それでも西郷が殺されでもしたら、日本は朝鮮と戦争をしなければならなくなる。いまの日本にその余力はないし、政治的に西郷の派遣は日本の国益と合致しない、と結論づけたのである。

もっとうがった見方をすると、結局外遊組は条約改正などの実績もあげずに帰ってきて、ここで西郷が朝鮮に行き成功したら、それこそ外遊派は目もあてられない。そこで大久保たちは是が非でも西郷の朝鮮派遣を阻止したというのだが、これは少し的外れのような気もする。単に功績を妬んだとすると、大久保と西郷の人間関係でそれは考えられない。

いずれにしても、西郷は兵を引き連れた「恫喝」ではなく、あくまで丸腰で朝鮮に行こうとしており、その点では後世の「西郷は力で朝鮮をねじ伏せようとした」という評価は当たらない。

では西郷の政治的意図はどこにあったのか。

もしあえて言うならば、それは外遊組帰国によって実権を奪われることに対する、政治的反抗であって、これが成功すれば西郷の政治力は新政府内で帰国組と決して劣らない力を得たであろうということである。

だが疑問も残る。

第一に、西郷の政治力は新政府内でそんなに弱いものであったのか？

第二に、西郷はそもそも政治権力を欲していたのか？

答えは、とくに第二についてはその後の西郷の行動と合わせて、権力を得ようとしたのではないことだけは確かである。

第一の新政府内での政治力は強力とは言い難かった。

西郷が目をかけた中で有能な参議は江藤新平くらいであり、後の西郷党は軍隊や警察に多く所属していた。行政の中心では、西郷の政治力は大きくなかったと言える。

一つの傍証として、明治六年の段階で大久保利通は内務卿であったが、大久保派の大隈重信が大蔵卿に、同じく大久保派の伊藤博文《いとうひろぶみ》が工部卿に就任した。

大久保派が牛耳《ぎゅうじ》る内務省、大蔵省、工部省の三省で、政府の役人の五三％を占めたのである。

この明らかな「大久保政権下」にあって、西郷は自然、反・大久保派の江藤らが拠る場所となった。つまり西郷自身はまったく意識しなくても、政争の一方の雄に担ぎ上げられてしまったのである。

征韓論で西郷が朝鮮に派遣されようとした裏には、西郷を担ごうとした反・大久保派の後押しがあった。そこで、大久保派としては西郷個人というよりも、西郷を担いでいる連中を牽制《けんせい》するために渡韓を阻止した、という構図である。

③反政府の象徴として担ぎ上げる神輿《みこし》が、この世から消え去った

じつは、この四年後の明治十年（一八七七）に起きる西南戦争も似たような構図であった。西郷自身はまったくその意思がないにもかかわらず、反政府派の象徴として担がれ、ついに反乱軍の頭目として政府に叛旗《はんき》を翻《ひるがえ》す。


若い頃の激しやすいが情熱と慈愛を持った西郷。

戊辰戦争前後の、冷酷と非情さを持った西郷。

維新後の、政治的野心をまったく持たない西郷。

おそらく、戊辰戦争までの西郷については、当時周辺の誰もが理解したであろう。

しかし維新後の西郷については、誤解や不可解さを持つ者が多かったのではないか。

西郷が理解されなかった最大の理由は、「野心を持たなかった」ことによる。つまり、西郷は何を目的にしているのか、という部分がはっきりしないのである。

しかしそれは無理もない。そもそも維新後の西郷は「自分が政府で何かを為す」という政

治目標を持たなかった。目標を持たない西郷の目標を探っても無意味なのである。

ではなぜそんな西郷を、政府高官として迎えなおかつ何度も下野を慰留し続けたのか。

その答えは、西南戦争の最終盤にはっきりと見えてくる。

西南戦争後半の五カ月間、西郷軍は負け続けていた。

そしてついに西郷軍はもと来た鹿児島に戻り、「城山」という小山に立て籠もった。

明治新政府が西郷を慰留し続けた理由。それは、この城山に四〇〇人の兵がいたことで説明できる。周囲は五万の、最新鋭の武器を携えた新政府軍が取り囲んでいる。食糧も武器弾薬もないその中にあって、四〇〇人もの人間が西郷と生死を共にしようとしていた。

すでに西郷は全軍に対して解散を命じていたにもかかわらず、である。

中津《なかつ》藩出身の増田宋太郎《ますだそうたろう》の逸話は、これを象徴している。

西南戦争の最終局面で、増田は一緒についてきた同志に向かってこう言った。

「もはや敗勢は明らかである。ここは脱出をして故郷に帰り、再起してほしい」

増田に対して、隊長はどうするのか、と問われると、

「自分は城山（最後の陣地）に来て、初めて大西郷（西郷隆盛）に親しく接することができた。そして西郷先生に一日接すれば一日、三日接すれば三日、いよいよその敬愛の念を深く

して、もはや先生のお側を去ることはできぬ。最後まで生死を共にする」

そして西郷に先立つこと二〇日前に、増田は戦死する。

他藩出身で、西郷と接したのはわずか一〇日ほどの男が、西郷と死を共にする。もしこんな、わずかに接した人間を共に死地に赴《おもむ》かせるような力を持つ西郷が新政府に楯突《たてつ》いたら、生まれて間もない脆弱《ぜいじゃく》な政府など簡単に吹き飛ぶ。西郷の人間力を知る者なら誰でも、西郷を野に放つ危険を考慮するであろう。

西南戦争には多くの謎があって、最大の謎は、なぜ西郷は船で大阪か東京に軍勢を引き連れて来なかったのか、という点である。そうすれば政府の中枢機能はパニックに陥って内戦の決着はすぐについたのではないか。

それを、陸上移動で九州を北上して、熊本で足止めされて、結局九州を一歩も出ることなく鹿児島に追い返された。

西南戦争は政府が勝ったのではなく、勝たせてもらったのではないか、という疑念すら抱いてしまう。

政治家としての西郷は維新回天を為し、新政府で数々の制度を制定し、そしてその後、城山の露と消えた。本人が計算していたとは思えないが、西南戦争終結後、「あの西郷ですら負けた」ということが大きく影響して、巨大な反政府武力蜂起《ほうき》は、ほとんど見られなくなった。

おそらく、反政府の象徴として担ぎ上げる神輿が、この世から消え去ったためでもあろう。

④リーダーにすべき人間、させてはいけない人間

西郷の章を終えるにあたって指導者のあり方を、現代の政治を含めて少しだけ論じたい。

「欲求の階層」で有名な心理学者のA・H・マズローが、リーダーに適した人について、こう述べている。

「リーダーとして最もふさわしい人間とは、問題解決や職務遂行に最適な人間、すなわち、その状況における客観的要件を誰よりも鋭く見抜き、それゆえにまったく利他的である人間である」

リーダーとして仕事をする際大事なのは、問題を解決し職務を遂行するにあたって何がポイントで何が障害であるのか、ということを見抜く者だと述べている。そういう人間は「自分を利するにはどうしたらよいか」という問いかけはなく、あくまで「問題を解決するにはどうすべきか」を考えるから、自然と他人に利益をもたらそうとするのである。

また、

「他人に命令したり牛耳ったりすることにはまったく関心がない。そうした行為を少しも面白いと思わないし、そこから満足感を得ることもない」

さらに続けて、

「(リーダーは)自分が集団のために尽くすのであって、その逆はないという意識をぜひとも持たなければならない」

まさに西郷隆盛そのものではなかろうか。

問題を解決することのみにすべてを集中し、他人を牛耳るというような行為を嫌悪し、集団のためならば己を殺せる。

一方で民主党の小沢一郎という政治家を見る時、このマズローの言葉が頭をよぎる。

自分が決めてきた自民党との連立を民主党は拒否した。これは自分を拒否したことと同じである。ゆえに党首などやっていられない、こういう騒ぎがあった。現実に党首辞任会見までやった。

にもかかわらず、まるで出来レースのように党の幹部から慰留され、それでは仕方がない、ということで党首を続けることにした。

小沢一郎のこれまでの足跡を見ると、「集団（党）は自分に尽くすためにある、自分の思い通りに動くために存在する」というように見えるが、思い違いならば許して戴きたい。彼はリーダーを独裁者とはき違えているようにしか見えない。

マズローの言葉を続ける。

「（権力を追求するタイプの人間は）集団の方が自分に尽くすのだ、という意識が強い。押しの強い人間は、まさしく権力を手にしてはならない人間なのだ」

かつて福田康夫政権下で日銀総裁人事について、立て続けに不同意するというまったく理解不能の事態を引き起こし、大いに世界における日本の評価を低めたこともあった。

政権を立ち往生させることで政権を奪取しようとする野党の作戦は、よく理解できる。しかしその後も続いた法案を人質にとるようなやり方を見ていると、小沢一郎という政治家がマズロー言うところの、リーダーにしてはいけないタイプの人間ではないか、と思えてしまう。

マズローはリーダーにすべき人間として、次のように述べている。

「最も安心して権力を委ねることができるのは、権力を享受しない人間である。このような人間は、利己的な目的や、神経症のためにサディスティックな目的に対して権力を行使した

り、力を誇示するために権力を用いたりする可能性が極めて低い」（以上、マズロー『完全なる経営』より）

つまりは野心を持たず、権力奪取が目的の政治家ではなく、集団の利益を生むためにのみ権力を使う人物がリーダーに適しているということである。

私心がない、ということで言えば、西郷ほど私心を削り取った人物は日本史をざっと眺めてみても珍しい。戦国時代の英雄たちの中にも、西郷に匹敵する人物は見当たらない。

だから、現代の政治家に「西郷になれ」とまでは要求しないが、権力を握る「その動機善なるや」という問いかけを、自身に発し続けてほしいのである。

西郷は沖永良部島から赦免されて帰る途中、やはり流刑《るけい》になっていた村田新八《むらたしんぱち》を喜界島《きかいじま》から無許可で連れ帰った。そんなことをすれば西郷自身が再び罰せられるかもしれない危険を冒して、である。

武闘派の多い西郷の周辺にあって、知性と先見性を持っていた村田は後日、西南戦争勃発に際して徹底的に開戦に反対したが、西郷からは離れることなく共に戦い、戦死した。

政治が政策を実現するのは、人々の幸福のためである。決して政治家個人の権力欲を満たすためではない。

私心を捨てて人の心を打った西郷のような政治家が再び現われた時に、日本の政治は真の意味で変わるのであろう。

第4章

新選組の政治力

1、組織抗争と土方歳三《ひじかたとしぞう》という「組織維持装置」

①政治史の中で扱いの薄い新選組

新選組隊士で、昭和まで生き残った者が三人確認されている。池田七三郎《いけだしちさぶろう》（昭和十三年死去）、高木剛次郎《たかぎごうじろう》（昭和八年死去）、井上泰助《いのうえたいすけ》（昭和二年死去）。

この三人は、それぞれ新選組の組織構成の性質をよく表わしている。

まず池田七三郎は、元の名を稗田利八《ひえだりはち》。上総《かずさ》の商人の子で、道場で剣術を習っているうちに脱藩浪士と知り合いになり、その浪士が新選組に入隊したことで慶応《けいおう》三年（一八六七）に自らも新選組隊士募集に応募した。

高木剛次郎は、桑名《くわな》藩出身で御小姓役まで務めたが、藩内の官軍恭順派の家老を暗殺して藩を出奔、衝鋒隊《しょうほうたい》に属して北越《ほくえつ》から会津《あいづ》、庄内《しょうない》、そして箱館《はこだて》まで戦い続けた。箱館で新選組に入隊。戊辰《ぼしん》戦争後はアメリカに留学し、一橋大学の前身である「商法講習所」設立に尽力し、各地の銀行設立にも関わった異色の人物。

井上泰助は、新選組草創期からの隊士・井上源三郎《げんざぶろう》の甥《おい》で、土方歳三らと同じ武蔵国《むさしのくに》日野《ひの》の出身。鳥羽伏見《とばふしみ》の戦いで戦死した井上源三郎の首を敵に取られぬよう埋葬したことで知られる。

池田は商人の出身。

高木は藩士。

井上は近藤勇《こんどういさみ》たちと同じ多摩出身。

武士も、町人も、郷士も包含する組織、それが新選組である。

組織は一般に、出身地や出身の社会的階層が多様であればあるほど広がりを持ち、それが政治組織の場合には支持を広げやすい要因にもなる。

ただ、新選組は純然たる政治組織ではなく、京都の治安を守る「警察組織」であり、戊辰戦争後は軍隊に変わっていくという運命をたどる。

組織の性格はどのようなものであったか。

一部に新選組は、「食いつめた浪人や、アウトローくずれの巣窟」（寺岡《てらおか》たみ子『新選組サイドストーリー』）という評価もあるが、新選組のどの部分を切り取って見るかによってそれは異なってくる。

草創期の、商人に対する脅《おど》しに近い借金申し込みなどを見ればその通りだし、長州への訊《じん》問使《もんし》に近藤勇が赴《おもむ》く場面を見れば政治組織的要素も大きいし、戊辰戦争末期の状況を見れば純然たる軍隊である。

もしその出身によって組織の性格が確定するのならば、たとえば長州の奇兵隊《きへいたい》は農民軍であって、一般論として武士よりも勇猛果敢とは言い難いであろうし、幕府の衝鋒隊は博徒や火消しくずれの人々すら含まれていた。

新選組も衝鋒隊も、あるいは奇兵隊も、正規の武士たちと同等に、いやそれ以上勇猛に戦ったことは歴史が証明している。だとすれば、出身の階層と組織の性格は、ある程度の影響はあっても直結しないことになる。とくに軍事・治安組織の場合はその使命や働きが明確であるから、政治組織と同一には論じられないであろう。

何が新選組の組織としての性格を決めていったのか。筆者はそれが、幕末の京都という時間と場所、そして治安維持という役割、近藤勇ら幹部の性質によって形づくられたと見ている。後で詳しく触れたい。

新選組の政治的性格は、どのようなものか。

新選組というのは、政治史の専門書を読んでいてもほとんど出てこない。生き残りの人々の回顧《かいこ》談や周辺の史料も出ているから、実体が不明なわけではないのだが、「政治史」というくくりにしてしまうと、新選組はあくまでも会津藩（京都守護職）支配下の一組織という扱いで、池田屋での長州藩士捕縛斬殺《ほばくざんさつ》など、治安面の記事がほとんどである。

しかもその活躍は「時代の針を止めた」というふうに捉えられている。

新選組が長州など勤皇討幕《きんのうとうばく》派と対立していたのはその通りだが、べつに時代が進むのを止めようとした「反動組織」であったわけではない。

ここが多くの政治史本が陥る一つの欠点なのだが、幕府（徳川）方が敗れたため、勝った薩長《さっちょう》がまるで正しかったかのように解釈をしてしまう。いわゆる「薩長史観」である。

薩長史観で見ればたしかに新選組は「反動会津の武装団体」として、有能な勤皇の志士たちを殺した殺人集団であるが、新選組の負っていた責任は京都の治安を守ることであり、そのためには、京都で騒乱を企図する者を捕縛・斬殺することに反動性はない。

また、その果たした役割が政治的成果をもたらしたかどうかという点については、たしかに大きな成果をあげたとは言い難い。だから、政治史の中で扱いが小さいのは仕方がないことかもしれない。しかし政治に妙な関与の仕方をしなかったことで、新選組は逆に政治を壟《ろう》断《だん》しなかったわけであり、それこそが新選組の美学のような気がするのである。

本章は他の章と違って、新選組という「組織」を題材にする。よって、「新選組の政治力」と言った時に、新選組が当時の政治にどのような影響を与えたか、という点と、その組織をどんな政治力で発展・維持させていたか、という二点の見方ができよう。

つまり、当時の政治状況の中で新選組がどのような政治的影響力を持ったか、ということに言及しつつ、とくに組織の運営・維持に関する「政治力」について申し上げていきたいと思う。

②「芹沢鴨《せりざわかも》、近藤勇」の連立政権

文久《ぶんきゅう》三年（一八六三）三月に近藤たちが初めて京都に行った時から、明治二年（一八六九）五月の戊辰戦争終了までのわずか六年間、激動の時代をそのままなぞるように組織の性格を変えていった新選組。

まずは新選組の変遷《へんせん》を見ながら、各々の時期での意味を考えてみたい。

最初は、芹沢鴨が代表者の時代。

清河八郎《きよかわはちろう》によって「徳川将軍の京都での護衛《ごえい》」という名目で、江戸で浪人たちを募集し、近藤勇らはこれに応募した。

が、京都に来たら清河は、「我等は勤皇の組織である」と、当初の応募要綱とは違う説明をし、攘夷実行のため東に戻るという。それに反発した人々が京都に残って組織したのが新選組の始まりである（当初の名称は「壬生《みぶ》浪士隊」）。

総勢は二〇名強（諸説あるが二四名というのが有力）。

京都守護職の会津藩預り、ということになった。つまり、新選組の上部団体が会津藩ということである。

組織内には三つの派閥がすでに生じていた。一つは、殿内義雄《とのうちよしお》のグループ。二つ目が芹沢鴨を頂点とする水戸グループ。三つ目が近藤勇を中心とする試衛館《しえいかん》グループ。二四名説が正しいとすると、殿内派八名、芹沢派七名、近藤派九名。いずれもその人数に大差はない。

「三人寄れば政治」

と言われるが、こんな小さな、そして権限もさして大きいとは言えない草創期の新選組でも、派閥争いが起こった。

派閥は、利益を共有する者どうしが集まる。そして共通の利益を守るために、あるいは利益を実現するために、所属する集団の主導権を握ろうとする集まりである。これは政治であろうと会社であろうと、友人関係であろうと同じである。

ただ面白いのは、単に利益を共有していれば同じ派閥になるのかというとそうではない。古来より日本の派閥は人間関係がその基礎になってきた。

つまり、「あの人がいるからあのグループには入らない」とか、その逆に「あの人となら一緒にやれる」という理由である。

加えて、出身地や出身校による繋がりも軽視できない。

新選組の最初の三派は、すべて出身地がその基本になっていた。そして京都に来る以前、道場での鍛練や政治活動を共に行なってきたという同志でもあるから、いわば政党が集まった寄り合い所帯のようなものである。

現代でも政党が合併すると、旧政党時代の集まりがそのまま派閥になるケースが多い。新選組草創期は正にそんな寄り合い所帯だったのである。

派閥抗争の熾烈《しれつ》さは、組織の大小に関わりない。派閥抗争というのは、第三者から見ると「何を命懸けでやっているのか」と疑問に思うことがある。しかしどんな小さな組織でも、それが組織である以上誰かが主導権を握り、他の成員を支配する。支配の方法は暴力的であろうと話し合いであろうと、それは方法論であって、主導権争いとは関係ない。平和で温和なお年寄りの集まりでも派閥争い、主導権争いは起きるのだから、まして新選組のように血気盛んな使命感に燃える若者たちの集まりともなれば、当然である。

最初は殿内派と、芹沢・近藤派の対立であった。

近藤は、芹沢鴨に対して好意を持っており、芹沢も近藤に一目置いていた。俗に言う「ウマが合う」ということだろう。自然、近藤派と芹沢派は近づいた。逆に殿内や殿内派の根岸《ねぎし》友山《ゆうざん》などは近藤と反《そ》りが合わなかった。

文久三年（一八六三）三月十二日に壬生浪士隊が結成されてからわずかひと月足らずの間で殿内は斬殺され、他の殿内派は切腹、あるいは江戸に帰った。

近藤派も芹沢派も、同志としての結合が強く、殿内派はあまり同志的繋がりがなかった。元から派閥としては結束力が弱かったことも災いしたのである。

なぜ殿内が狙われたのかというと、殿内は壬生浪士隊の中で幕府からの伝達を受けるなど、上部組織との繋がりがあった。そのまま居すわると主導権を握られる、と近藤たちが考えたとしても不思議ではない。

殿内派粛清《しゆくせい》で、まずは「芹沢・近藤」の連立政権ができたのである。

③本当はそんなにひどくない、芹沢鴨の行状

文久三年（一八六三）四月、殿内派一掃《いっそう》の後、京都で隊士を募集し、総勢が三六名になった。

殿内派粛清から四カ月間は、近藤が一歩引く形で芹沢が隊の代表格となっていた。芹沢がトップに座ったのは近藤よりも年上であり、また「水戸天狗党《みとてんぐ》」の残党ですでに政治的な履歴もあり、そういう意味では当然の人事であった。

しかし、芹沢は様々な問題を起こしていく。

大坂の商人を脅かして制服羽織をつくる金（一〇〇両）を工面したり、力士と乱闘騒ぎを起こしたり、借金を申し込んだら断ってきた生糸問屋を焼討ちしたりと、騒ぎが絶えなかった。通説では、見るに見かねた会津藩が近藤たちに命じて芹沢一派を斬殺し片づけたということになっている。

たしかに、小説や映画、ドラマでの芹沢は傍若無人《ぼうじやくぶじん》そのものといった人物に描かれている。それらの原型になった子母澤寛《しもざわかん》の一連の新選組本を読むと、芹沢の悪役ぶりがよくわか

る。

「芹沢は、例の尽忠報国の大鉄扇を振り廻して、膳碗から瀬戸物一切、手当たり次第に打ち壊し、その上、二階の欄干を引き抜いて、これをもって帳場へ下り、酒樽を打ち割り、さらに流し場に行って……」（子母澤寛『新選組始末記』）

「芹沢は、隊の大砲を引き出して行って、どんどん大和屋の土蔵へ射ちかけた。焼玉などを入れて一気に焼いてしまうつもりだったが、なかなか焼けない。その中に、付近の建物に火がついて火事になる……」（同前）

もし書かれていることが事実ならば、近藤たちが芹沢一派を粛清したことは理に適《かな》った話になるが、最近の研究では、どうも巷間《こうかん》伝わる芹沢像と実際の芹沢には違いがあるようなのである（『新選組大人名事典』「芹沢鴨」の項・古賀茂作《こがもさく》ほか）。

たとえば商人からの借金も、押し借りには違いないが、きちんと証文を書いている。

力士との乱闘は、元をただせば力士のほうから先に無礼を働いたという。

また、生糸問屋・大和屋の焼討ちに関しては、外国との交易で大和屋が糸の買い占めを行ない、織物職人たちが大変難儀になった。それを聞いて芹沢がやったというのである。

大和屋を焼討ちした時に、子母澤本では大砲を店にぶっ放す場面が出てくるが、そもそも芹沢が大砲を持っていった事実はない。さらに、焼いたのは買い占めしていた糸が入っていた土蔵で、しかも類焼しないよう周囲を処置し、どさくさに紛れて金品を強奪しようとした者は厳しく罰した。

そして驚くべきことに、火が消えた後西陣の織物職人や糸屋がやってきて、大和屋を打ち壊した。

つまり、大和屋は織物職人たちから憎まれていたのである。

大和屋焼討ちは公務とは言えないが、かといって芹沢の暴走とも言えない。

では、会津藩が芹沢の始末を命じたのはなぜであろうか。

④松平容保《まつだいらかたもり》が近藤に贈った信頼の証

芹沢は「水戸天狗党」の生き残りで、骨の髄からの「攘夷派」であった。外国との交易で儲ける大和屋に嫌悪感を持っていたことは事実である。

それにしても、会津藩が芹沢の処分を言い渡した理由として、どうも薄弱な気がする。

会津藩としては、独断で攘夷を実行しそうな芹沢に危険性を感じたということかもしれないが、あまり釈然とはしない。ほかに理由があるのではないか。というのも、芹沢亡き後、当然のごとく新選組の主導権は近藤が握り、結果、芹沢暗殺によって最も利益を得たのは、対抗派閥の長である近藤だからである。派閥抗争の匂いがぷんぷんする。

いずれにしても、暗殺を伴う政治抗争で近藤は勝利し、以後新選組は近藤のもとでめざましい活躍を見せる。

元治《げんじ》元年（一八六四）。この頃の新選組の人員は、だいたい五〇名前後と推定される。京都の池田屋に京都騒乱を企図した長州藩士が集まったところを、新選組が急襲した「池田屋事件」。長州勤皇派の主だったメンバーが斬殺され、長州は前年の「八月十八日の政変」に加えて大きな打撃を被《こうむ》った。

近藤たち新選組が長州藩士を斬ったのは、新選組の考え方と長州の考え方が違ったから、ということもあるが、なによりも京都騒乱の企てを防ぐことに重点が置かれている。つまり、新選組は政治組織として長州を討ったのではなく、治安組織として当然の公務を行なったにすぎない、ということ。

その後も新選組は治安部隊として京都で活動を続けるが、だからといって近藤勇や土方歳三に、政治的な意識が希薄だったわけではない。それどころか、近藤はことあるごとに「国事に従事させよ」という嘆願を繰り返している。加えて彼らは京都で様々な人々と交わることによってその知識や見識を磨いていった。

では、近藤たちの思想はどのようなものだったのか。

それは「勤皇」であり、同時に「佐幕《さばく》」であった。

土方は鉢金《はちがね》（頭部を覆《おお》う鉄製の兜《かぶと》のようなもの）に、「尽忠報国志」と刻んであった。また近藤は攘夷の実行をよく口にしていた。

つまり、二人は決して開明的ではなかったが、当時の日本人が普通に持っていた「尊皇攘夷」思想をしっかりと保持していた。と同時に、幕府を助けることが日本のためになると信じていた。

当時の幕府の方針は「公武合体《こうぶがったい》」であり、京都守護職の会津藩・松平容保も、そしてその配下である新選組も、この政治路線に従って行動していた。

また、近藤たちが「公武合体」を信条とするもう一つの、というよりも、積極的な理由がある。それは、京都守護職・松平容保の存在である。

松平容保は、近藤たち新選組をひじょうに信頼し、近藤には京都治安以外にも長州の情報収集まで命じていた可能性がある。

容保が近藤をどう思っていたのか、こんな話も残っている。

後に近藤勇が刑死した時、松平容保は近藤に、

「貫天院殿純忠誠義大居士」

という法号を贈った。殿様が部下に、このような称賛と敬意を込めた法号を贈ることは希《まれ》である。いかに容保が近藤に信を寄せていたかが窺《うかが》われる。

新選組のほうでも松平容保を慕った。

一時期、長州征伐の際に松平容保が軍事総裁となったため、松平春嶽《しゅんがく》が京都守護職になった。当然ながら、新選組は京都守護職の支配下であるから、松平春嶽の支配を受けるはずが、新選組は「会津でなければいやだ」とゴネて、結局会津藩預りに戻ったという事実がある。一説に、もし松平春嶽の支配下になるのなら、春嶽を殺しても阻止しようという話し合いが新選組の中でされたともいう。

新選組が慕った松平容保の思想は、近藤たちに無条件に受け入れられるものであった。

松平容保は、時の孝明《こうめい》天皇から深く信頼を受けており、会津藩特有の佐幕（幕府を守り助ける）思想と、孝明天皇からのご信頼という勤皇思想の正に「公武合体」の考え方を貫いたわけである。新選組が容保の路線と同じであったことは言うまでもない。

その後、伊東甲子太郎《いとうかしたろう》一派を誘って入隊させるなど、慶応元年（一八六五）～慶応三年

（一八六七）あたりが最盛期で、およそ二〇〇名の隊士を擁したと考えられる。

大名が動員する兵の数は、一万石につき二五〇名ほどであったから、新選組は大名クラスの人員を擁したことになる。

⑤四〇名の「粛清」

組織が大きくなればそれだけ、組織内部での対立や争いごとも増える。

そこで、隊の規律を守るために「局中法度書《きよくちゆうはつとがき》」が慶応元年（一八六五）五月頃定められた（条文の初出は昭和三年の『新選組始末記』であり、史料の裏付けはない。ただし生き残り隊士によれば、内容的にはほぼ同じものであった、とのこと）。

一、士道に背《そむ》くまじき事
一、局を脱するを許さず
一、勝手に金策致すべからず
一、勝手に訴訟取り扱うべからず
一、私《わたくし》の闘争を許さず
右条々あい背き候《そうろう》者は、切腹申しつくべく候なり訴訟の取り扱いや私闘を禁ずるのはわかるが、そもそも「士道」とは何か定義がない。隊の幹部が「お前は士道に背いた」と決めればそれで該当することになる。

勝手に隊を抜けたり、金策することを禁止するのもなんとなく理解はできるが、それにしても、違反者は切腹、というのは常軌《じょうき》を逸している。

いずれの規約も、近藤勇を頂点とする組織幹部の裁量がいかに大きかったかということを示している。

部下に絶対的な従属を求める時、こうした曖昧《あいまい》な規約は役に立つ。もちろんそのことが組織を強くするかどうかというのは、運営する人間次第なのだが、新選組の場合、近藤勇と別の路線を歩む者に対して、かなり強力に適用された印象を持つ。

たとえば伊東甲子太郎は最初、近藤の肝入《きもい》りで入隊しながら、近藤の路線と違う薩摩系の政治路線をとろうとし、実際薩摩藩の庇護下に入って隊を離れた。早い話が、幕府を見限って薩摩についたわけである。これを許さなかった近藤は、伊東と共に隊を脱した一四名の命を狙い、うち伊東を含む四名が斬殺された。

政治路線が異なったからといって、すぐに斬り殺すというのは尋常ではない。いくら幕末といえども、睨み合ったり主導権争いで首領格の命を狙うことはある。たとえば土佐藩で吉《よし》田東洋《だとうよう》が勤皇派に殺されたように例示できるが、相手方を皆殺しにするという発想はなかなか出てこない。

もちろんこれは、「局を脱するを許さず」の適用で、組織内の問題として処理をした。伊東はこの条文が適用にならないよう、用心深く「脱するのではなく、分離する」という理屈をつけて隊を出るのだが、それは出た側の理屈であって、近藤たちには関係ない。局中法度書は、近藤たちが主観的に利用するために書かれたもので、客観的な証明の必要がなかったのである。

近藤が「伊東たちは隊を脱した」と断ずれば、伊東がどのような工作をしようが「脱した」ことになる。

このほか、市中で女性と密通したとして切腹させられた隊士、金策や経理上の問題で斬殺、切腹を言い渡された隊士、脱走して捕まり切腹させられた者など、四〇名以上に及ぶと見られている。

隊士の出入り、捕縛中の死傷があったので確かなことは言えないが、最盛期で二〇〇人の隊士がいた新選組の中で、四〇名も処罰・粛清にあっているというのは極めて不自然で異常と言える。

⑥近藤勇とスターリン

こうした状況を見ている他の隊士たちには、どのような影響があったであろうか。

私は、近藤と、新選組の組織をつくり上げた土方歳三の二人が、現代政治的にいえば「強権的な独裁者」として周囲に映っていたのではないかと考えている。もちろん強権的であったことを善悪で言っているのではない。荒くれで腕の達者な連中を一つにまとめていくために、相当な強制力が必要だったことは想像に難くない。

そこで、独裁者たちの特徴を見ることで、新選組の組織原理の一端を考えてみたいと思う。

独裁的権限を持った人間の末路は哀れだが、歴史を振り返ると、その独裁者たちが意外と長い期間、独裁的地位にいることに気がつく。

第二次世界大戦に敗北したためにヒトラーの独裁は一九四五年で止まるが、彼が「全権委任法」によって政権を完全掌握したのは一九三三年であり、およそ一二年間、絶対的な独裁者の地位を保った。

スペインのフランコ将軍が国家元首だった期間は一九三九年から一九七五年の三六年間。

中国の毛沢東は一九三〇年代に共産党のトップに立ってから死亡する一九七六年までの四〇

年以上も党と国家で絶対的な存在だった。

ソ連のスターリンは、一九二八年にほぼ完全に権力を掌握し、一九五三年に死亡するまで二五年間独裁者の地位にいた。

このスターリンを例にとって、独裁者の行動を見てみよう。

彼は史上最も多くの人間を政治的粛清にかけたとされる。

特徴的なのは、何の理由で粛清されるのかわからない、あるいは、まったく身に覚えのないことで粛清された、という人がひじょうに多いこと。

スターリンお気に入りの政治局員だったヴォズネセンスキーは、ある日突然裁判にかけられ銃殺された。また、外相だったモロトフやソ連最高会議幹部会議長のカリーニンは、その妻をスターリンの命令によって強制労働収容所に送られている。ちなみにカリーニンもモロトフも、スターリンによって処刑される同志たちの名簿づくりに直接関わった、いわばスターリンの共犯者にもかかわらず、である（『大いなる失敗』ブレジンスキー）。

どうしたらスターリンの粛清から免れることができるのか。それは一般市民ですらわからず、ちょっとした噂話だけで逮捕された例は枚挙《まいきょ》に暇《いとま》がない。

独裁者が独裁者の裁量一つで罪をつくれるとすれば、逃れる術はないのである。

近藤勇たちが適用した法度は、もちろんこれら血も凍るような独裁者の運用とは違う。しかし、隊士たちに及ぼした影響は同じ類《たぐい》のものであり、「鉄の結束」は、「鉄の結束を乱せば殺される」という恐怖にも裏打ちされていたのである。「士道に背くまじき事」の士道は、近藤たちが考える士道で、それはいかようにも適用できたのである。

⑦土方歳三という「装置」

新選組は、その組織構造にも特徴がある。

局長の近藤勇を頂点にして、局長の真下に副長がおり、そこから枝分かれして助勤《じよきん》、調役《しらべやく》並《ならびに》監察《かんさつ》、勘定役《かんじようやく》並《ならびに》小荷駄《こにだ》役方《やくかた》となっている（時期によって若干の名称異同あり）。

局長の近藤は、組織構成の上で言うとすべてを副長に命じ、自分は直接関係部署に命令を出さない仕組みになっている。諸役に直接命令を下すのは副長で、自然、副長は絶大な権限を持った。たとえて言えば、代表取締役会長が局長で、代表取締役社長が副長である。

当初副長には、土方歳三と山南敬助《やまなみけいすけ》の二人が座っていた。が、路線対立から山南は隊を脱走し、捕らえられて切腹となり、以後は土方一人が副長を務めた。

副長の権限が大きいということは、責任も大きい。

何か不祥事が起きれば、副長が最終的な責任を負うことで局長の近藤は安泰でいられる形になっている。これは様々な情報についても言えることで、直接なんでも局長に通じるのではなく、まずは副長のところで整理されたものが局長に伝わるように、機構上はできている。

アメリカの大統領首席補佐官が、新選組の副長に近いかもしれない。

大組織の場合、いかにして雑務からトップを解放するかということが大切である。同時に、そうなった場合でも必要な情報はトップに伝わらなければならない。そしてトップが判断する場合に助言も行なうから、トップと同様の判断能力が求められる。

この大統領首席補佐官は日本語で「補佐官」と翻訳するために少し軽く見られがちだが、日本の内閣における官房長官と、党の幹事長と、秘書官室を統括する以上の存在である。

有能であることは絶対条件だが、同時に、大統領と個人的な信頼関係で結ばれていないと成立しない職務でもある。

その点、近藤と土方は道場時代からの親友であり、補佐役に徹した土方のやり方は近藤をずいぶん助けた。

じつは土方同様、試衛館道場時代から近藤と一緒だったのが山南で、近藤からの信頼も厚かった。その山南がなぜ隊を脱することになったのかということについて、政治路線の違いには触れたが、単に考え方が違った（山南は熱烈な勤皇主義であった）だけではないような気がするのである。

山南は脱走する際、

「その言（山南の進言）の入れられざるは、土方の奸媚《かんび》による」

と書き残している。

自分の言うことが通らないのは、土方が邪魔をしているからだ、というもので、これは土方と山南が権力闘争をし、主導権争いの末、山南が敗れたと見ることができる。それほど新選組にとって副長という地位は絶対的なものであった。

このような組織は西洋の軍隊を真似た、とも言われているが、たしかにたとえば海軍の軍艦の艦長と副長の関係にそっくりである。

いまはどこの海軍も、艦艇には艦長のすぐ下に副長がいる。副長は艦長に直属し、すべての職域に対して基本的に命令ができる。また、いつでも艦長の代わりが務まるようになっている。

よく潜水艦モノの映画を観ていると、新米の鼻持ちならないエリート艦長がやってきて艦内を引っかき回すが、副長がしっかりしていて艦長に注意したり、乗組員を説得して艦内の平穏を保つような場面が出てくる。
副長はいわば、組織内を動かす「装置」なのである。副長という装置があることで、トップの声が下々に伝わり、下の者の問題がトップにまで及ばずに解決できる。

たとえば新選組に置き換えると平隊士は将棋の駒のようなもので、これを動かす装置が副長の土方歳三である。

近藤は土方という装置が動くのを見守っていて、自分と違う方向に行きそうな時だけ軌道修正すればよいのだが、逆に土方という装置によって、近藤が考え方を改めることもある。

山南の処分についても、当初近藤は切腹を考えていなかったようである。

いくら隊を脱したといっても、伊東甲子太郎とは違う。新選組に反逆したわけでも、徒党を組んだわけでもないのだ。しかし、「組織維持装置」である土方歳三は、「一人の例外を認めれば、他に示しがつかなくなる」ということで、切腹を強行した。

山南切腹の是非《ぜひ》は正直に言ってよくわからない。山南に関する史料が極めて少ないことと、山南を軽い処分にした場合の影響について参考になる出来事がないからである。

しかし政治的に見れば、これは明らかに土方との政争に敗れた結果の処分であり、ここで切腹をさせないという選択肢は少なくとも土方にはなかった。

2、なぜ新選組は戊辰《ぼしん》戦争の最後まで戦い続けたのか

①麻生太郎《あそうたろう》に「異分子」の起用ができるか

　戊辰戦争に入ってからの新選組は、治安組織でも、政局に影響を与えるような政治的な組織でもなく、軍隊として存在し活躍する。鳥羽伏見の敗戦後は江戸に戻り、態勢を立て直して甲府に向かい、ここでも敗れた。

　新選組は少数のテロリストを探索などであぶり出し、チームプレーによって捕縛・斬殺するようにつくられている。つまり元から少数相手の組織であって、たとえば警察が戦争に参加をしたらどうなるか、ということである。

　ただし、近藤はことあるごとに会津藩や幕府に上申して、長州征伐時にも軍隊として派遣

されることを強く望んでいる。

自分たちは京都見廻《みまわり》組のように市中見廻りのために存在するのではなく、「国事」のための組織である。だから国事に参加させてほしい、と願っているのだ（元治元年・一八六四、老中に対して）。

こうした近藤の主張から、近藤が本当は何を求めていたのかが見えてくる。

近藤は別の機会にも政治的な発言を繰り返しており、その議論は世界を見据えた未来指向のものではないが、攘夷を行ない、幕府を助けることが自分の考える政治目標であると述べている（たとえば文久三年・一八六三、十月の、会津や薩摩藩士の集まる集会で）。

近藤はもし鳥羽伏見の戦いがなければ、新選組をもっと政治的な組織に変えようとしていたのか、それとも、治安部隊としての強化を進めようとしていたのか。

答えはおそらく、政治機能を強化しようとしていた、と思われる。

伊東甲子太郎一派を招聘《しょうへい》したのはなによりの証拠で、腕っぷしは強いが他藩との交渉や幕府との駆け引きを行なえるような人材は、初期の新選組にはいなかった。

近藤がもしただの俗物で出世だけを願っていたならば、京都の治安維持のために全力を尽くしさえすればよかったのである。新選組を政治組織にする必然性はない。頼んでまで長州への訊問使になる必要も、また攘夷論や佐幕論を大声で叫ぶ必要もなかった。治安の強化だけで評価は上がるのである。

現に、たびたびの報奨や幕臣への取り立てなどは、すべて新選組の治安維持に対する褒美であり、近藤の唱える政治論が幕府を感動させたわけではない。

ではなぜ新選組は、近藤が望んだような政治に影響を与える組織になっていかなかったのであろうか。

まず第一に、背景の問題がある。

新選組は慶応三年（一八六七）六月に幕臣に取り立てられるまで、すでに触れたように「会津藩預り」ということで、会津の配下にあった。

たとえば薩摩藩配下の坂本《さかもと》龍馬《りょうま》の亀山《かめやま》社中と会津藩配下の新選組は何が違うのかといえば、つくられた目的もさることながら、薩摩藩にはすでに当時、幕府をひっくり返すという野心があり、そのためにあらゆる手段を用いていたことはすでに書いた通りである。手段を選ばない薩摩藩の配下として、龍馬が新選組などと比べてかなり自由に動けたのは当然である。

一方で新選組の背景である会津藩は、幕府を守るという目標はあるが、自分が幕府に取って代わることも、また、功名をあげて領土を増やそうという野心もまったくない。野心のない組織は、常識や良識によって動く。というよりも、わざわざ枠を外れた行動はしないいし、好まない。

これが、「守り」に入った時の政治組織の弱さであり弱点でもある。

第二に、そうした「守り」の政治組織は、異分子を嫌う。

たとえば、党勢はふるわないけれども固定した支持層のある政治組織では、「これ以上議席を減らしてはならない！」ということが絶対命題になってくる。

議席を減らさない政治活動というのは、従来の支持層を固める活動で、いままでと違ったやり方や違う政策を打ち出す余裕などないし、怖くてできない。

しかしながら、議席を減らさない選挙をやっていると、激減はしなくても、党勢はどんどん衰えていく。

一時期、自民党の対抗勢力として野党第一党だった日本社会党が凋落《ちょうらく》していった最大の原因はそこにある。政治状況や世界情勢の変化に対応せず、従来の主張を繰り返すことで既存の支持層を確保しようとしたが、結果として、有権者のほうが時代を追いかけて歩き始めたために、置いていかれてしまったのである。

一度だめになっても盛り返す政党は、異分子を嫌わない。

小泉純一郎《こいずみじゅんいちろう》という人は、従来の自民党から考えればまったく反主流もいいところで、主張していた郵政民営化などは、当初国会議員のヒトケタの支持もなかった。それが、支持率が記録的に低かった森内閣を経て自民党最大の危機に際し、「自民党をぶっ壊す」と言って登場し、支持を回復した。小泉純一郎という、異分子が主導権を握ることで組織が活性化した最も顕著な例である。

最近の政治情勢はどうか。本原稿を執筆している時点では、麻生内閣が政権を握っている。ところが、とりあえず旧来の自民党の支持層を取り戻そうという「守り」の政策が目につく。郵政民営化を見直すような動きも気になる。

麻生太郎という政治家は、少なくとも本日までの政治家生活の中で、改革派の人物とは言い難い。あのキャラクターによって異分子のように見えるだけで、考えていることは旧来の自民党の枠を出ない。そうなると、幕末の幕府や会津ではないが、麻生総理自身が異分子を起用できるかどうかがポイントであろう。

②権力を求めない新選組はいびつに肥大化しなかった

新選組が政治に影響を与えるような組織になっていかなかった理由の第三は、近藤自身に「自分が政局の主導権を握る」という意思がなかったからである。

近藤は、新選組を「国事に従事する政治組織」に変えていきたかった。しかし、決して自分が幕府の老中になるとか、幕府自身を乗っ取るといった考えは持っていない。

ちなみに、極めて政治色の強い軍隊であった長州の奇兵隊の場合は、高杉晋作《たかすぎしんさく》は正に奇兵隊を使ってクーデターを主導し、長州藩の乗っ取りに成功している。

また、坂本龍馬は薩摩藩配下では飽き足らず、もっと自分の考えを実行できる環境を求めて土佐藩の庇護下に入り、おそらく暗殺されていなければ、海援隊を軍事・財政上の基盤として、土佐藩を独特の政治勢力として育成していたに違いない。

それらと比べた時、近藤の政治的意思はあくまで会津や幕府あっての新選組であり、その枠からはみ出すことはまったく考えていない。むしろ、新選組を分離脱退した伊東甲子太郎一派が「御陵衛士《ごりようえじ》」として独立していったり、あるいは清河八郎が浪士隊を自分の野心のための道具にしようとしたことのほうが、より政治的意思を感じるのである。

このことは、近藤の人間としての格が大きいとか小さいという話とは違う。近藤には政治的意思がさほど強くはなかったが、それゆえに評価されている部分もある。

近藤をはじめとする新選組が今日なぜこれほどまでに持て囃《はや》されているかと言えば、それは政治的な不器用さ、政治的な野心のなさによって、「武士道」やそこから発する「潔さ」などがクローズアップされるからである。

つまり、新選組が政局を動かすような政治組織にならなかったがゆえに、人気が高いのである。

同時に、権力を追い求めることをしなかったために、新選組はいびつな政治組織へ肥大化していかなかった。

ナチスがドイツにおいてあのような狂気の時代を演出したのは、ヒトラーとナチスの幹部たちが権力を追い求め、それを自らの野心を満足させ、劣等感をぬぐい去る手段にしたからである。権力を奪うためにユダヤ人の排斥と、戦勝国に対する憎悪を煽《あお》り立てた。政権を握ると今度は、権力維持のためにユダヤ人を実際に排斥・虐殺し続け、さらに自ら栄光を手にしたいがために他国への侵略を進めるという具合である。

前出のスターリンも毛沢東も、あるいはカンボジアでのポル・ポトも、自分の権力奪取とその維持のためならばなんでもやる、という連中であった。

比べるまでもないが、近藤には、自分が偉くなるためならば何をしてもよい、などという思想はまったく持ち合わせていなかった。それは土方も同じである。

そこには人間としての美学がある。政治権力を掌握するという一点だけで評価すれば、彼らは甘すぎるし、幕府を見限るという手段を行使しなかった点はいかにもキレイゴトである。それでも最後まで徳川に殉《じゅん》じたのは、近藤や土方の人間としての美しさだったと思う。

③古株たちの不満と近藤の思い

一方で新選組の一般の隊士たちは、どんな組織を望んだのであろうか。

すでに見てきたように、新選組は組織化・規律化が進み、それに反発する隊士も出てきた（大石学《おおいしまなぶ》『新選組』）。とくに草創期からの仲間は、「鉄の結束」よりも「同志的結合」を望んでいた。たとえば永倉新八《ながくらしんぱち》や斎藤一《さいとうはじめ》、原田左之助《はらださのすけ》、島田魁《しまだかい》らである。彼らは元治元年（一八六四）八月下旬、つまり池田屋襲撃から二カ月余の頃、会津藩主・松平容保に対して、近藤の「非行五カ条」なるものを訴えた。

それによれば、近藤はどんどん独裁的になり、しかもわれわれ同志を家来扱いする、という。「俺たちは仲間だろッ」という叫びが聞こえてくるようである。

結局松平容保の説得で事なきを得たが、近藤や土方にしてみれば、いつまでもナアナアでやっていたら組織は大きくなれないし統制もとれない、ということであったろう。

永倉たちも役職に就いているが、彼らの職位はいまで言えば課長クラス。会長や社長とは考え方が違うのは当然である。

大きくなった会社の創業者に、昔のような付き合い方を求める古株の社員のようなもので、近藤にしても受け入れにくい話であった。しかし、「昔のように仲良くやろう」という欲求は、とくに組織の上層部にたどり着かなかった者たちには切実な願いなのである。

多くの場合彼らは、偉くなることを要求しているのではない。

偉くなった昔の仲間と、昔のように付き合いたいだけなのである。

現代のような会社組織であれば、たとえば休日や会社を出てから、言葉遣いを変えたりすることは可能であろう。しかし幕末の当時、プライベートはないも同然で、近藤はどこに行こうと「新選組局長の近藤」でしかなく、そうなれば自然、普段の付き合い方も隊で仕事をしている時も態度を変えようがない。

また永倉たちは、「威張っていたって、元は多摩の田舎侍じゃないか」という思いもある。

簡単に言えば近藤を上司として尊敬しろと言われても、なにせ昔からよく知っているし、それはできないよ、という話である。

規律を嫌がる古株と、そんな連中をも支配下に置かなければいけないから、規律を強める近藤たち。ヒトラーは政権掌握後、自分に馴れ馴れしくする昔なじみの古い党員を極端に嫌った。他人を道具としか考えていなかったヒトラーにとっては我慢ならない出来事であっただろう。しかし近藤は新選組を愛していたし、その隊士たちも大切にしていた。永倉たちが求めた「同志的結合」は無理でも、近藤は隊士のことを真剣に考えていたし、それが、後々まで新選組が残る理由の一つではなかろうか。

④新選組は政治組織の究極の理想かもしれない

新選組とは、いったい何だったのだろうか。

いま見たように、永倉たち古手の連中は同志的結合を近藤に求めている。ということは逆から見れば、組織としては同志的結合ではなく、決まりや規律によって統率できる集まりになっていたということである。

しかし、ただ単に冷たい組織の論理だけの集まりであれば、戊辰戦争の最終局面まで組織が維持できるわけがない。

　新選組は設立から四年後、全員が幕臣に取り立てられ、近藤が若年寄格になっているが、基本的には浪士上がりの一治安組織にすぎない。にもかかわらず、鳥羽伏見の戦いを皮切りに、関東でも、奥羽越でも、そして北海道でも、「新選組」として戦い続けた。

　たとえば、京都見廻組にいて坂本龍馬暗殺に関わった今井信郎《いまいのぶお》は、箱館戦争では衝鋒隊に属していた。見廻組はすでに消滅しており、成員は散り散りになっていた。ほかの有力な大名たち、たとえば京都所司代を務めた桑名藩、京都守護職の会津藩も潰滅《かいめつ》状態で、本家徳川はとうの昔に降参していた。

　もちろん、徳川譜代の大名たちも軒並み寝返り、最後まで義に生きようとしたのは新選組を含めてごく少数であった。

　次章で詳しく述べるが、多くの譜代や徳川親藩が寝返った責任は、徳川慶喜《よしのぶ》が負わねばならない。自分たちが守るべき主君（徳川慶喜）が白旗をあげたのである。譜代大名たちが戦い続ける大義が失われてしまった。

　では新選組はなぜ戦い続けたのか。

　それは、新選組が大名や旗本ではなく、純然たる武士の一団であったからにほかならない。

守るべき領地もない素浪人の集団は、ただ一つ、自分たちの「士道」を守り抜こうとした。そして、近藤や土方たちが築き上げた「鉄の結束」は多くの犠牲者を出しながらも、安易に降伏しない真の武士を、いつの間にかつくり出していたのである。

もちろん新選組に属したすべての隊士がそうであったわけではない。しかし、「誠」一字に命を懸けた隊士が他の武士団よりも多くいたからこそ、組織は維持されたのである。

新選組は、最後はそこに属する隊士たちの志で戦い続けた。これは、政治組織の究極の理想であるかもしれない。

第5章

幕府の政治力

1、ソ連と徳川幕府

①ポーランドで最も嫌われている建物

「ここで写真を撮ってはならない！」

被写体はなんの変哲もない駅舎だったが、警察官にそう言われて、慌《あわ》ててカメラをしまった思い出がある。

昭和六十二年（一九八七）七月のポーランド。学生だった私は、いわゆる「バックパッカー」の真似事をして、宿もなにも取らずに東欧共産圏を一カ月間歩き回った。

いまから思えば、それは「ベルリンの壁崩壊」のおよそ二年前であり、予兆はそこかしこにあったはずだが、はじめて訪れたせいもあって「こういうものなのか」、と何事も納得していた。

たとえば配給。観光客でも配給の列に並ばないと食料を得られなかった。あるいは給湯。お湯がほとんど出ない。

私が泊まった宿は通称「闇宿」といって、地元の人が自宅を観光客に提供するものだった。もちろん、ボランティアではない。「アメリカ・ドル」を持っていることが条件で、一泊一〇ドル前後で泊まれた（当時はホテルでも、米ドルを自国通貨に強制換金させられていた）。闇宿の提供者はとてもよい人たちで、ポーランド人はとくに、私が「日本人」というだけでひどく親切にしてくれた。ポーランドが歴史的にも親日国家だと、その時はじめて知った。「闇宿」アパートでシャワーを使っていると、ものの五分くらいでお湯が出なくなる。電気、水道光熱、そういう社会インフラが崩壊寸前であった。

そのポーランドの首都・ワルシャワで、面白い話を聞いた。

ワルシャワ市内の賃貸物件で、家賃を高くするには条件があるという。それは、ある建物が見えないことだ、というのだが、その建物とはいったい何か。

文化科学宮殿。ニューヨークの摩天楼《まてんろう》にあるような尖塔《せんとう》の付いた高いビルで、ソ連のスターリンがポーランドに寄贈したものである。

ソ連国内はもちろん、東欧諸国でもスターリンは強権発動していたから、半端な嫌われ方ではない。寄贈された建物も目にしたくないというのだから、推して知るべし、である。

ところが、スターリンを評価する人もいる。

悪名高き、と私たちはスターリンを冷静な目で批判できるが、いまでもスターリンを崇拝する人々、崇拝までいかずともスターリン時代のほうがよかったというロシア国民もいる。

これは、理由のないことではない。

ソ連時代は経済もずっと停滞していたイメージがあるが、それはフルシチョフが更迭《こうてつ》されたあたりからで、たとえば世界恐慌が起きていた一九三〇年代にはソ連は高い経済成長を達成し、一九六〇年代にはアメリカに次ぐ世界第二位の工業国とも言われた。軍事や宇宙開発面でもアメリカと対等に競争できた。

ではなぜ、ソ連は崩壊したのか。

ごく簡単に記すならば、経済の悪化によって、軍事費や衛星国支援などに多額の予算を割《さ》くことができなくなり、それまで支配していた東欧諸国から事実上手を引かざるを得なくなった。そしてソ連が支配権を実質的に放棄した東欧では次々と民主化運動が激化し、各国の共産党政府が国民によって打倒され、ベルリンの壁崩壊のように、目に見える形で民主化の波が東欧圏全域を覆《おお》った。

その波がソ連にやってきて、ソ連の連邦内の国々も独立を主張し、ついにソ連が崩壊する。

②ゴルバチョフと阿部正弘《あべまさひろ》

ある時代のある組織が崩壊する事例を、他の時代の、まして他の国の事例と同等に論じることなど不可能である。しかし、ソ連の崩壊は多くの巨大組織、それも年月を経た組織の崩壊について、多くの示唆《しさ》を与えてくれる。

徳川幕府の崩壊過程とソ連の崩壊過程には、いくつかの共通点がある。

（1）財政状況の悪化によって、政権の求心力を失う

（2）政権維持のため、改革者が出現し、改革は途中まで成功する

（3）「開かれた政府」が命取りになる

（1）の財政の悪化は、江戸末期に見られた。天保《てんぽう》の大飢饉《だいききん》など自然災害が引き金となって、農作物による年貢を主たる財源としていた大名や幕府は、農業生産の落ち込みによって大打

撃を受け、貨幣の改鋳や倹約令を出して財政の健全化を図るのだが、うまくいかない。

そこに、諸外国からの開国要求や幕政を改革しようとする外様《とざま》大名の介入など、権力基盤を揺るがす事件が次々と起こる。

こうなると、政権は求心力を失う。

ちなみに昨今、「地方分権」が叫ばれているが、元をただせば国にお金がなくなり地方に分け与えられなくなったために、「地方は地方でお願いします」というのがその根源にある。従来の自民党政治は、地方に対する補助金等によって地方に影響力を行使していたため、こうしたお金の分け前にあずかれなくなった地方が、自民党離れを起こしているのは無理もない話である。

(2)の改革者の出現は、ソ連ではゴルバチョフであり、幕府では阿部正弘であった。

ゴルバチョフの改革は、「ペレストロイカ(再建)」と呼ばれ、最終的には市場経済の導入による経済の抜本的な見直しまで進んだ。しかし、改革が進めば進むほど、これまでまったく表面に出てこなかった経済の弱点が明らかになり、また、既得権《きとくけん》を持った人々との戦いにも発展した。

既得権は多くの場合体制側が持っているから、既得権攻撃はイコール、体制攻撃にもなってしまうのである。

つまり、改革が成功することで、自分の政治基盤が崩壊する可能性が高くなるのだ。もちろん多くの改革者たちにその意識は少ない。現状をなんとかしなければいけない、という使命感が彼らを突き動かすのである。

阿部正弘も政治改革を進めるが、結果的に幕府権力の弱体化を招いていく。次項で詳しく見ていく。
(3)の「開かれた政府」が命取りになるというのは、情報を自由に見聞きすることができる体制になると、旧来の隠しておきたいこと、現状から未来にかけての悲観的な予測など、体制を揺るがす可能性のある情報も明らかになる、という意味である。
ゴルバチョフは「グラスノスチ(情報公開)」を導入し、言論の自由を進めた結果、それまで隠蔽《いんぺい》していた問題が表面化して、むしろ体制への批判が噴出する結果になった。

幕府もまた、外国からの要求内容をすべてオープンにし諸大名などに意見を求めた結果、幕府への不安感が増すと同時に、人々の政治意識を目覚めさせる契機にもなった。

このような共通点を持つ幕府とソ連だが、次に幕府の改革者・阿部正弘がどのように改革を推進し、それがどのような結末を迎えるのか、見ていこう。

③阿部正弘の功績に「軍事」が多いのはなぜか

阿部正弘は、備後福山《びんごふくやま》（広島県福山市）一〇万石の大名。

徳川の老中、などと言うと年寄りを想像してしまうが、阿部が最初に老中になったのは弱冠二五歳の時（天保十四年・一八四三）。老中首座、いまで言う総理大臣に任命されたのが二七歳（弘化《こうか》二年・一八四五）で、それから一二年間、ほぼ政権の座にあって三九歳の若さで死去した。

江戸時代の平均寿命は五〇歳前後だから、身分からいって食事など不自由しなかった阿部が三九歳で亡くなったのは、当時も言われていた「激務」が原因であったろう。

そのわずか一二年間に、阿部は何を為し、何を成功させ、何を日本にもたらしたのか。

これを子細に見ていくと、政治の過酷さと政治家・阿部正弘の意気を感じる（なお、阿部正弘に関しては多くを土居良三《どいりようぞう》氏の労作、『開国への布石』を参考にさせて戴いた）。

明治になって刊行された『阿部正弘事蹟《じせき》』によれば、阿部の功績は以下の通りとなる。

1、大船製造の禁を解き、造船の業を起こす

2、汽船製造をオランダに委託し、人を長崎に派遣して艦船運用術を伝習

3、品川および長崎に砲台設置
4、講武所《こうぶしょ》を開き、洋式銃隊を編成し、練兵を奨励
5、大砲射撃場を設けて洋式砲術を講習
6、諸藩邸内の練兵を許し、鉄砲の江戸運送を許可
7、蕃書調所《ばんしょしらべしょ》を創立、洋書を講習
8、官吏任用例にこだわらず人材抜擢《ばってき》
9、繁文縟礼《はんぶんじょくれい》を省き、諸藩献物の数を減らす
10、諸藩主および旗本の士の従者の数を減じ、冗費を省かせる

1〜6番目までは軍事改革であり、7は軍事を含めた富国政策策定の基礎となるべきもので、8の人材登用は人事の構造改革、9の虚礼廃止と10の人員削減はいずれも財政政策となる。

これらは、阿部政権以前からのものもあれば、阿部が独自に行なったものもある。それにしても目をひくのは、阿部の功績の半分以上が「軍事」に関わるものだということである。阿部が好戦的な人物でなかったことは明らかだが、にもかかわらず、彼が軍事に力を入れた理由は何であろうか。

これは正に、阿部政権当時の日本が直面していた政策課題を雄弁に語っている。

外国からの脅威。

中国をイギリスが無法に侵略した「阿片戦争」は、阿部が老中になるわずか三年前であり、イギリスが上海に永久借地を得るという事実上の領土侵略や開港など、数々の要求を中国に呑ませていく行為がそれから数年間続く。

日本にも阿片戦争の情報は入っていた。つまり、日本も中国の二の舞になるのではないかという恐怖感が、幕閣を中心に芽生えていたのである。

その後立て続けに欧米列強が中国を含むアジアを侵していくのは、世界史の年表に濃密に書き込まれている。

だから、阿部正弘が抱いた恐怖心は決して杞憂《きゆう》ではなかった。

具体的に阿部が直面した国内の政策課題は、

一、外国からの侵略を防ぐための防備

一、そのための最新鋭武器の調達

一、それらを扱うことのできる人材の育成

であり、嘉永《かえい》六年（一八五三）の黒船来航によって、

一、開国要求を受け入れるか否か
一、受け入れた場合の国内反対派対策はどうするか

という外交問題も処理しなければならなかった。

阿部がとった実際の政策は、砲台設置や造船など阿部政権以前から行なわれていたものに加えて、軍事面では長崎海軍伝習所（海軍の士官養成所）、講武所（陸軍の訓練所）の設置運用が挙げられよう。

さらに、西洋の軍事知識習得のためにも蕃書調所は必要不可欠で、後の東京帝国大学、現在の東京大学の前身と言われている。

こんにち阿部の評価が思ったほど高くないのは、政権途中での急死で政策の完成を見ずに世を去ったためであって、彼の実績は誠に大きいと言わねばならない。

④阿部正弘の政治極意は「人の話を聞く」

阿部正弘について、松平《まつだいら》春嶽《しゆんがく》がこんなエピソードを語っている。

「阿部正弘は実によく人の話を聞く男だが、自分の意見というものを述べたことがなかった。ある人が不審に思ってそれを阿部に問うと、阿部は笑って、『自分の意見を言って、もし失

言だった場合、それを言質にとられて職務上の失策となる。だから、人の言うことをよく聞いて、善きを用い、悪しきを捨てようと心がけている』と答えたという」（松平春嶽『雨窓閑話稿』）

もちろん阿部に意見がなかったわけではなく、また、阿部が意見をまったく言わなかったわけでもない。しかし、政治家・阿部正弘の特徴をよく表わしている逸話である。

阿部は、幕府組織が集団指導体制を敷いていることをよく認識していた。老中も若年寄も複数制、町奉行まで南北二人の奉行がおり、ややもすれば決断が遅れ、責任の所在が不明になったりする。その隙をついて、たとえば「溜間《たまりのま》」にいる有力譜代《ふだい》大名たちが役職もないくせに幕政に口を挟んだり、あるいはまた幕末のこの時期には親藩の一つ、水戸《みと》の徳川斉昭《とくがわなりあき》が事あるごとに意見をしてきた。

誤解があるといけないので最初に説明をしておくと、幕政に関与できるのは譜代大名だけであり、外様大名はもちろん、親藩大名（御三家など）も老中にはなれなかった。徳川宗家を相続することと、徳川幕府を運営するという機能は、厳しく区別されていたのである。

ところが黒船来航以来、政治は難問が山積しなかなか簡単に解決できるものではなく、従来の発想、徳川家第一というような狭い考え方では対処できなくなってきた。

簡単に言えば、凡人では対応できない、見識と実行力のある人材を親藩も外様も関係なく起用していかなければいけない、ということに阿部はいち早く気づいたのである。

そこで第一に、松平春嶽をはじめ外様大名の雄・島津斉彬《しまづなりあきら》や伊達宗城《だてむねなり》らと交流を深め、その協力を仰ぐことになる。

第二は、水戸の烈公《れっこう》・徳川斉昭を取り込んだ。

斉昭は幕府内でもとびきりの攘夷論者で、外国との融和政策にはまったく反対の立場をとっていた。御三家の一人であり、しかも次期将軍になるかもしれない一橋慶喜《ひとつばしよしのぶ》の実父でもある。その影響力は極めて大きかった。

うるさいが、影響力も大きい人物をどうするのか。

阿部正弘は斉昭を、最初は「海防参与」として海からの防衛に関する顧問に就任させ、次に「兵制参与」、最後は「幕政参与」として幕政に対する顧問にまで斉昭を処遇した。

阿部の優れた評伝を書かれた土居良三氏は、「なんでここまで正弘は斉昭を買っているのか、正直わからない」と記されている。

筆者は、斉昭を政権に取り込むことで逆に阿部政権の倒閣をさせない、という狙いがあったのではないか、と考えている。

これはたとえば、大正時代に原敬《はらたかし》が性格も価値観もまったく違う元老の山県有朋《やまがたありとも》に対して、時に卑屈に思えるほど意見を聞いたりする姿勢とよく似ている。佐幕の盛岡《もりおか》藩出身だった原敬にとって、長州閥の巨魁《きょかい》・山県有朋は憎しみの対象ですらあった。しかし、枢密院《すうみついん》や貴族院、陸軍を完全に掌握《しょうあく》していた山県を敵に回す不利を原はよく知っていた。

人は相談を受けると、つい相手の身になって考えてしまう。だいいち、「おれは聞いていない！」という、もっとも原始的な文句をつけられないですむ。

このように阿部は、「人の話を聞く」姿勢で多くの有能な外様大名・親藩大名と交流を拡大し、彼らの発言力を増大させ、同時にうるさ型の水戸の斉昭を取り込み、反・阿部政権の芽を摘《つ》んでいく。

阿部正弘の国内最大の敵は「溜間」であった。会津《あいづ》藩や彦根《ひこね》藩といった保守色の強い、歴代大老や老中首座を出している有力譜代大名家が控える場所であるが、そこでは「改革派・阿部正弘」は敵である。そこで阿部は安政二年（一八五五）、溜間詰めであった堀田正睦《ほったまさよし》を、なんと自分の代わりに老中首座に据える融和《ゆうわ》人事までやっている。

⑤「徳川版・グラスノスチ」で不安が芽生える

人の話を聞く、というのが、阿部正弘の特徴であり、成功の秘訣であり、生き方でもあったろう。しかし、時にはその特徴で失敗することもある。

嘉永五年（一八五二）、長崎のオランダ商館長から東インド総督の手紙を渡された。「来年アメリカは艦隊を組んでやってきて、日本に開国を迫る」と知らせてきたのだ。が、阿部は内心その恐怖を感じながらもなんら為すところなく、翌嘉永六年（一八五三）の黒船来航を迎える。

究極の「話（意見）を聞く」出来事が、黒船来航の一カ月後に起きる。

なんと阿部正弘は、幕臣をはじめ諸大名、さらには大名の家臣たちにまで、ペリーが持参した開国要求のアメリカ国書を翻訳して開示し、どうすればよいのか、意見を求めた。

幕政に対する議論は、開幕以来禁じられてきた。その禁が破られたのである。

黒船来航が明治維新のはじまりだったとする説に異論はないが、日本中が実際に政治的に動き出したのは、まさに阿部正弘が情報を開示して意見を求めたこの瞬間であった。

政権担当者が広く国民に意見を聞くことは、民主主義国にとっては当たり前のことであり、現在の私たちから見ればまるで普通のことである。しかし、幕政批判どころか、時期によっては娯楽本を書いたというだけで罰せられたのが江戸時代である。

それが、国を揺るがす大事について意見聴取を行なったのであるから、影響は計り知れない。実際、どんな現象が起きたのか。

第一に、意見を聞かれた大名たちに戸惑いと不安をもたらした。

幕府は皆に意見を聞かなければ政治を行なえないのか、そんなに弱体化しているのか、何か書いて、後で罰せられないか、という不安である。

第二に、一部ではあったが、はじめて「日本国」という国全体の将来について、積極的に考えるきっかけになった。

第三に、幕府内保守派の猛反発が生じた。

幕政に対して、外様大名らが意見するなどもってのほかである、これでは幕府の権威が地に落ちる、というのである。

保守派はどの時代どの国でも、「権威」を重視する。もちろん国家にとって権威は大変重要なもので、政府や政治指導者に権威がないようでは困る。理屈抜きで人が信用し尊重してくれるための装置が権威であり、法律や決まり事だけで政治は動かない。

が、その権威はあくまで、権威を支える経済や社会の安定が前提であり、社会全体が不安になっている時に、自分たち指導層だけが権威を振りかざすと、その組織は衰退していく。

こういう保守派に対する改革は難しい。

たとえば危機感を持っていない人物に、「このままではいけない。改革をしなければ」と言ってみたところで、「どうぞご勝手に」というのが関の山である。また、保守派は単純に現状の変更を嫌がるから、反発も起きる。

改革を邪魔するというのは、最初は理屈ではなくて感情である。

たとえば蕃書調所の設立に関して、「なぜ討ち果たすべき夷人《いじん》の文物を調べるのか」という感情的な違和感が出てくる。

あるいは、弓矢や刀よりも鉄砲、それも西洋の最新式の鉄砲や大砲のほうがはるかに破壊力が強いとわかっていても、「伝統的制度としてあった持弓組《もちゆみぐみ》、先手弓組《さきてゆみぐみ》をいきなり廃して鉄砲組にするなど、とうてい不可能」（『開国への布石』）というのが現実であった。

これは、すでに時代から要請されなくなった古い組織が改編を嫌うということであり、こんにちの省庁再編や特殊法人改革などを見ても、その抵抗ぶりは半端ではない。彼らにしてみればそれは既得権であり定年後の再就職先であり、生きる場である。

事の是非は論じないが、少なくとも廃止される側の人間にとってみれば、改革など百害あって一利なし、と思うのは無理のないところである。それを納得させて、しかも彼らの不満や不安を極力抑えながら改革の実をあげていくというのは、並み大抵のことではない。

現にソ連では、保守派によってゴルバチョフ大統領（当時）が監禁されるクーデター未遂事件が起きた。改革への反動である。その反動が実権を握ると、時代は確実に巻き戻される。

徳川幕府も阿部政権、続く堀田正睦政権の後、反・改革派の旗手・井伊直弼《いいなおすけ》によって改革は破壊され、しかも幕府組織の崩壊も早めることになる。

いずれにしても、情報公開と言論の自由という、「徳川版・グラスノスチ」が行なわれた結果、幕府に対する信頼よりはむしろ、不安の芽を育ててしまったと見るべきであろう。

⑥阿部正弘が登用した超一流の人物たち

「徳川版・グラスノスチ」によって、開国に対する意見書は七〇〇余通も集まったが、とくに参考になる意見はなかった。しかし、阿部の狙いは他にあった。それは、こうした情報を広く公開することによって「雄藩参加による幕政の改革」を進める足掛かりにしたのである。

第1章「篤姫」のところで述べたように、阿部正弘は薩摩《さつま》の島津斉彬と同盟関係ともいうべき強い絆で結ばれていて、斉彬の政治参加を強く求めていた。

諸藩に意見を聞いたのも、いわばそれを契機として島津斉彬ら雄藩の名君たちの幕政参加への道を開くことであった。

おそらく保守派の井伊直弼は、このことに間違いなく気がついていたはずである。というのも、井伊直弼は政権を握るや、阿部正弘政権とまるで正反対の政策をとり、雄藩や親藩の幕政参加どころか、彼らを粛清《しゆくせい》・政治的に抹殺《まつさつ》し、また阿部正弘が国防問題に対する朝廷の発言を認めたのとは反対に、朝廷をほとんど無視する形で政権運営を行なった。

改革は、阿部正弘の突然の死によって勢いを失い、井伊直弼の登場で手痛い打撃を受ける。

では、阿部正弘が長生きしていたら、どうなっていたであろうか。

この設問は、ずいぶん回答が難しい。

阿部正弘も、島津斉彬も生きていて、十五代ではなく十四代将軍に一橋慶喜が就任し、無責任で気が変わりやすい慶喜をうまくサポートしていれば、おそらく朝廷と調整を行ないながら平和裡に開国を進め、幕府内の有為の人材を活用できた、という予想は、虫がよすぎるであろうか。

幕府にはそうそうたる人材が揃っていた。とくに、阿部正弘によって登用された人物はいずれも一級の人材であった。

たとえば勘定奉行になった川路聖謨《かわじとしあきら》。目付の岩瀬忠震《いわせただなり》、同じく大久保忠寛《おおくぼただひろ》（大久保一翁《いちおう》）、永井尚志《ながいなおむね》、勘定吟味役に江川英竜《えがわひでたつ》（太郎左衛門）。

川路は下級官吏出身で、普通であればとてもではないが奉行職などになれる家柄ではない。岩瀬は昌平黌《しょうへいこう》出身の秀才。大久保は謹厳で剛直と評され、よく左遷されたが、それでも信念を貫くタイプの男だった。勝海舟を登用したことで知られる。

永井は三河奥殿《みかわおくどの》八代藩主の側室の子で、やはり昌平黌出身の出来物である。

江川は言わずと知れた西洋砲術の大家である。

単なる漁民であった中浜《なかはま》（ジョン）万次郎《まんじろう》を幕臣に取り立てたのも阿部であった。

前にも触れたが、こうした人材の宝庫がありながら、それを登用し活用するリーダーの欠如が幕府崩壊の一つの要因である。

もし阿部正弘がもっと存命であれば幕府は違う形で日本の未来に貢献した、という想像は、彼が、これらの人材を登用し活用していたという事実によって、真実味を帯びてくる。

そして、こうした人材は当然ながら阿部の大きな政治力になった。なぜなら、彼らは登用してくれた阿部のために懸命に働き、その頭脳となり手足となったからである。

人材登用は、登用される人間の能力が低ければ意味がないが、阿部はよくその人物眼で見極め、開国日本のために欠かせない人々を輩出した。

2、組織あって国家なし、の井伊直弼《いいなおすけ》

①井伊直弼、条約調印の原因は「情報収集能力の欠如」

万延《まんえん》元年（一八六〇）三月三日朝。江戸は大雪に見舞われた。

桜田門外に大老・井伊直弼が襲撃された後、あたり一面に人の指が多数落ちていた、という。たとえ籠手《こて》など防具で防いでいても、刀の柄を握っている指先は露出する。日本刀で斬り結ぶと、この露出した指を斬り落とすことがある。

その落ちていたおそらくは血まみれの指の数は定かではない。しかし、井伊直弼が政治粛

清によって葬った人の数よりは、はるかに少なかったのではなかろうか。

阿部正弘の急死後、堀田正睦が政権運営をしたが、井伊直弼の大老就任で幕府開明派政権は終焉《しゅうえん》を迎える。


近年、井伊直弼を見直す動きがある。

人物の評価は、たとえば足利尊氏《あしかがたかうじ》を持ち出すまでもなく、時代によって変化する。とくに新史料が発見されたりすると、それまでのイメージが変わることがある。

たしかに井伊直弼も「公用方秘録」という、彦根藩の用人で井伊直弼の側にいた人物が中心に編纂《へんさん》した記録が精査され、「悩める政治家・井伊直弼」という像が浮き彫りになってきた。が、その一部に、明治時代に入って改竄《かいざん》された部分があることもわかっており、しかも彦根藩自身が記録したいわば身内の史料である。都合の悪い部分は削られていると見て不思議ではない。

また、NHK大河ドラマでは、初代の「花の生涯」と平成二十年の「篤姫」での井伊直弼の描かれ方が、いかにも正義の人、苦悩の政治家という像で、私は納得できない。

たしかに文人政治家の面を強く持っていて、教養も高く、茶の湯や狂言を創作することもあった。だから人間・井伊直弼はおそらく、若干の頑固さを持ちながらも、平生であれば手堅い老中として歴史に名を残したであろう。

しかし、彼は以下の点で問題のある政治家であった。

第一、違勅調印強行に関する、情報収集力の弱さ
第二、先進的な政策や施設の廃止など、反動政策の推進
第三、政治粛清の強行（安政の大獄）

一つずつ見ていきたい。

まず最初の「違勅調印強行に関する、情報収集力の弱さ」

よく知られているように、井伊政権は安政五年（一八五八）に、日米修好通商条約を調印する。

鎖国を祖法として守ってきた幕府が、ついに開国に舵《かじ》を切る条約であった。

井伊は最初、このような重要な条約は朝廷の許可が必要であると考え、朝廷工作を行なうが、孝明天皇の反対にあって勅許《ちょっきょ》を得られない。仕方なく天皇の許しなしに調印を強行したのである（調印自体は交渉現場の岩瀬忠震の判断に任されていた）。

だが、そもそも日米修好通商条約はこの時点で調印の緊急性があったのか。

条約調印の直前、アメリカ総領事のタウンゼント・ハリスが、「イギリスとフランスは、

第二次阿片戦争勝利の余勢をかって次は日本を標的にしてくる。どんな無理難題を押しつけてくるかわからない」と、知らせてきた。

「そのかわり、もし幕府がアメリカと通商条約を結べば、アメリカは英仏との間に入ってうまくとりなすことができる」

ハリスの半ば脅《おど》しのような甘言《かんげん》によって、条約は調印されたのである。

「英仏の大艦隊が、阿片戦争勝利の血刀を引っ提げて、いまにも日本に押し寄せてくる」というのは、少なくとも安政五年六月の条約調印の時点ではハッタリにすぎなかった。

そうしたハッタリをどうして見破れなかったのか。

それは、そもそも井伊政権に進んで外国の情報を得て、世界の実情をつぶさに知ろうという謙虚さも政策もなかったからである。

だいたい、阿部正弘によって登用された岩瀬忠震がまだ目付として残っていたのは、そうしなければ日米交渉を行なう人材がいなくなるからであり、実際岩瀬は役目を終えると翌年の秋には井伊から免職・蟄居《ちっきょ》を命じられて、それから約二年間、一歩も屋敷を出してもらえず、失意のうちに四四歳で死去した。

②井伊の言葉には「ウソ」がある

井伊直弼の政治家としての問題点の第二、「先進的な政策や施設の廃止など、反動政策の推進」について。

岩瀬の処遇でも明らかなように、とにかく阿部政権の残滓《ざんし》を嫌い、井伊直弼は阿部が心血注いだ政策を潰すことが多かった。

たとえば近代陸軍養成のための講武所だが、万延元年（一八六〇）には西洋式の訓練を中止し、さらに江戸城内の守衛に持たせていた西洋式銃を廃止。弓を飾らせたりしていた。

また、蕃書調所を廃止して医学館の付属にすべきではないかとの案、つまり蕃書調所の縮小を持ち出すなど、世界を知り最新の技術を得て国防に資するといった考えはほとんど見当たらない。

「憎き改革派・阿部正弘のやったことを、一つずつ潰してやる」

というような、幼稚で危険な権力誇示にも見える。

井伊をよく評価する人は、次のような井伊観を持っている。

「日本が欧米列強と立ち向かっていくためには、やはり鎖国ではなくて、今この段階でとりあえず開国しておくことがベターなんだという決断でした。要するに直弼が選択したのは理想論ではなく国際状況を考えた現実主義だったということです」（『その時歴史が動いた8』検証・桜田門外の変、佐々木克《ささきすぐる》京都大学教授）

そういう一面があったことは否定しない。井伊は「いまアメリカと戦争しても勝てない。アメリカと交易して利潤をあげ、国力をつけてから対峙《たいじ》すべき」とも、嘉永《かえい》三年（一八五〇）ペリー来航の折に幕府の評定で語っている。

その言葉通りであれば、これは阿部正弘や徳川斉昭とだいたい同じ考え方であり、だとすれば、井伊が阿部政権の政策を否定するのは、政策的に矛盾するのである。

政治家は今も昔も言葉が大切である。しかしその政治家を評価する時には、何を発言したのか、ということと同時に、何をしたのか、という実行面の考察が絶対に欠かせない。

井伊直弼が開国指向の開明的政治家であったとするならば、いったい、講武所での西洋教練の中止などに見られる一連の反動政策をどう解釈すればよいのか。

井伊の言葉には、彼の政治家としての真実は反映されていない。もっとはっきり言えば、井伊の言葉には一部分にせよウソがある。

井伊の本質は、第三の問題点、「政治粛清の強行（安政の大獄）」に如実に現われているのである。

③正しい政策でも敵対政党の政策なら叩き潰す、井伊直弼

徳川御三家の一つ水戸の徳川斉昭から、関白をやった鷹司政通《たかつかさまさみち》、浪人となっていた儒学者の梅田雲濱《うめだうんぴん》まで、連座した者を合わせると一〇〇名以上の人々があるいは刑死し、あるいは遠島、あるいは蟄居や隠居を強いられた。

世に言う「安政の大獄」は、井伊直弼という権力者が、権力を行使して行なった政治弾圧そのものであり、その苛烈《かれつ》さと執拗《しつよう》さに、井伊個人の性格がかいま見える。

もちろん水戸の徳川斉昭らの動きが、井伊政権打倒の政治運動であったことは間違いないし、朝廷や外様大名を巻き込んだことを井伊が危惧したのは理解できる。しかし危惧した結果の解決策が「問答無用」の弾圧では、反動が起きるのは当然である。

阿部正弘もその政権はつねに反対派からの反発を招き、正に井伊直弼をはじめとする有力譜代大名たちから睨《にら》まれていたが、それでも阿部は井伊直弼たちを強制的に隠居させるなどの手段はとっていない。

誰を抑え、誰をどう動かすことで政治を前に進められるか、ということを考えて、ちゃん

と政権を維持したのである。

阿部も井伊も同じ徳川幕府の法律と政治の仕組みの中で活動していたが、かたや広く人材を求め意見を聞きそれを集約して前進したのに対し、かたや合法とはいえ、恣意《しい》的に権力を行使して邪魔する者を排除し尽くした。

なぜ井伊は弾圧を強行したのか。弾圧の理由を知るには、井伊直弼が目指そうとした政治、その価値観を知る必要がある。

井伊が考え実行するすべては、「幕府」という組織擁護の政策であって、日本国全体の利益を考えた政策ではない。

井伊は暗殺される直前に、不穏な空気を察していた矢田《やた》藩主・松平信和《まつだいらのぶかず》から、「ここは一度大老を辞して、事態が落ち着くのを待ってはどうか」と勧められたが、大老辞職はきっぱりと断っている。責任感の強かった井伊直弼は、自分は幕府そのものであり自分の辞職は幕府の崩壊である、というくらい幕府組織との一体感を持っていた。

ということは、井伊直弼の思考はまず、自分が権力を握り権力を振るうことが幕府を維持することであり、幕府権力の維持が日本の発展に繋がるという意識なのである。

これは大変な間違いである。

政治家はまず、（1）何が国にとって大切か、ということを考える。次に、（2）その大切なことを実現するためにはどんな政策が必要か考える。そして、（3）その政策を自分の属している政党の政策として世に問い、実行する、というのが順序である。

井伊直弼の順番は、まず幕府が大切である。幕府権力を守るためには、自分に権力がなくてはだめである。自分が権力を得るには、政策的に正しくても政敵を潰し、政敵の政策も潰す。

現代に置き換えれば、井伊にとっては所属政党が大切である。所属政党の権力を守るためには、自分に権力がなくてはならない。自分が権力を得るためならば、たとえ政策が正しくても敵対政党が出した法案はすべて叩き潰す……。

正しい政策を優先するのではなく、自分の組織権力維持を優先する。これが井伊の本質である。

自分自身、もしくは自分の属する組織の延命、そのための権力行使を政治家が考えはじめたら、その政治家や政治集団は遅かれ早かれ崩壊する。

政治家にとって大切なのは、その人間性であるのか、政策実行能力なのか、それとも何を基準に政治を行なうのかという意識なのか。

もちろん、このいずれもが大切であることは言うまでもないが、もし、（1）素晴らしい人格の持ち主、（2）政策立案と実行能力に秀でている、（3）国全体の利益を考えて行動する、という三人の政治家がいたとしたら、あなたは誰を選ぶであろうか。

私は迷わず、（3）の「国全体の利益を考えて行動する政治家」を選ぶ。

（1）は主として教育者や宗教者に求められるものであり、（2）は官僚が持つべき資質に近い。

政治家、とくに国政を担う者は、国全体の利益について考え、政策を実行しなければならないのである。

④いまの与野党と幕末の幕府

阿部正弘と井伊直弼を比較する時、二人の人間としてのタイプはまったく違うが、（1）の人格も（2）の政策能力も持ち合わせている。問題は、（3）の「意識」である。

私は、昨今の政治家を見る時に、たとえば政権奪取するためには政府与党と約束したことでも平気で破る、という姿勢に強い疑念を持っている。

政治は徹頭徹尾政策で戦うべきであり、政府の威信を落とすためならばあらゆる邪魔をしようというやり方に、醜い権力欲を感じる。

もし、野党の幹部が「自分たちが政権を握ればよい政治ができる。だからいまは手段を選ばないで政府与党を叩き潰そう」と思っているのならば、それは井伊直弼と同じ考え方である。政策より組織権力優先、自分たちの権力を拡大するための闘争でしかない。

たとえ政府与党の法案が正しいと思っていても、権力奪取のためには反対する。

まるで、開国も通商も国防も大事だが、阿部正弘政権のやったことならなんでも否定する、阿部正弘と徳川斉昭に連なる改革派は全部潰す、という井伊直弼の政治手法と同じである。

繰り返しになるが、国家よりも組織を優先する政治は、結局その組織すらも衰退させるということを知るべきである。

同時に政府与党側も、妙な色目を使わずに、ただ実直に誠実に、正しいと信じた信念の政策を打ち出すべきである。一部に従来の改革方針を見直して、自民党から出ていった議員など野党の一部を組み入れるため、政策変更を模索する動きがあるが、そういう小手先の国民をバカにした行動は、自滅に直結する。郵政造反組議員を復党させたことで支持を失った参院選に対する反省が、まったく見られない。

考えてみてほしい。阿部正弘がもし、井伊直弼ら野党保守派の顔色を窺《うかが》って蕃書調所や海軍伝習所、講武所の規模縮小や内容の後退をしていたら、阿部自身の求心力はもちろんだが、その後の日本を切り拓いていく人材や知識が蓄積されたであろうか。

政権与党は、自分たちがたとえ潰されようと、将来、「あの時の政権は私欲を去って、じつに見事な政策を提示し、いまも生きる遺産をつくってくれた」と言われるようにすべきである。野党の反対で法律ができないのなら、どんなに素晴らしい政策なのか、もっと国民に語りかけるべきである。それが政治の責任である。

⑤大きな改革をするには最高責任者の絶対的な覚悟が必要

幕府のような大きな組織が生き延びるためには、どんな改革手法が必要であったのか。

ロシア連邦初代大統領のボリス・エリツィンは、こんなことを述べている。

「ゴルバチョフがペレストロイカということを発表しながら、ではそのペレストロイカをどのようにやっていったらいいかという整った形の、総合的なビジョンを示さなかった」（ボリス・エリツィン他『ソ連・東欧を読む』）

阿部正弘は総合的なビジョン（安政の改革）を持ち、個々の政策を遂行していった。蕃書調所も海軍伝習所も講武所も、すべて一つの方向を向いており、人的物的資源を集中した。

井伊直弼は、その政策目標が幕府権力の維持であったため、政策的には矛盾も多く、総合的なビジョンを持っていたとは言い難い。

総合的なビジョンはしかし、かなりはっきりした信念がないと言い出せるものではない。なぜなら、小さく局所的な改革なら敵は少なくてすむし、対応も難しくない。道路予算でマッサージ機を買っていた件などは、バレればすぐに廃棄処分できる。しかし、全省庁対象の公務員改革はどんどん骨抜きにされ、成立が難しくなっていく。公務員改革のような大きな改革を進めるには、ひじょうに強い信念が必要である。

大きな改革をしなければ大きな組織の崩壊は止められない。

大きな改革をするには、大きな信念、それも、最高責任者の絶対的な覚悟が必要になってくるのである。

徳川幕府の最後の最高権力者、第十五代将軍に、その覚悟があったか否か。

3、人望も権力も逃げていった徳川慶喜《よしのぶ》の政治力

①近衛文麿《このえふみまろ》と徳川慶喜の意外な共通点

爽やかで聡明、そして開明的な青年政治家。

時代の閉塞感《へいそくかん》を打破してくれると期待された男。

これは昭和の戦前、国民的人気の中で政権を担った近衛文麿のことである。

徳富蘇峰《とくとみそほう》は近衛の登場を、「日光の閃《ひらめ》き」「日輪躍り出たる如く」と形容した。どことはなく、徳川最後の将軍・慶喜に似ている。

英明な青年政治家。

外国船出没と幕府の威光低下の中で、何か新しい、閉塞した時代を切り拓く期待を担って

選ばれた男。

そして二人にはもう一つ、決定的な共通点がある。それは、「政権の放り出し」、である。

近衛文麿は戦前に唯一、第三次まで内閣を組織した首相で、その最後は昭和十五年（一九四〇）七月から十六年（一九四一）十月まで、政権を担当した。

いまから振り返れば対米開戦まで二カ月という時点で、近衛は政権を投げ出したのである。近衛は、緊迫する日中・日米和解のために、アメリカ大統領のフランクリン・ルーズベルトとの直接会談を企図した。狙いはよかったがしかし、当時のアメリカには本気で日本と話し合いをする気はなかったし、だいいち、近衛がこの案を実現しようとした時には、時期的に遅すぎた。

どんな政権でも失策はある。とくに、外交交渉で企図したことが実現できないというのはよく起きるものである。そうした時に大切なことは、策は一本ではいけない、ということ。

囲碁や将棋でも、「こうきたら、こう」「ああきたら、これ」と考える。政治も同じで、一つのことが実現できなかったからといってすべて放り出すようでは、政治家としての資格はない。

思いつきで政治をやる人間によく見られることで、ふっと素晴らしいアイデアが浮かんで、それを実現しようと奔走するが、ダメになるとまったく興味を失う。近衛は正にこのタイプであった。

徳川慶喜は、近衛のような無責任とは言い切れない部分もある。とくに、次期将軍候補から将軍後見職、そして将軍に就任するまでの時期には、苦悩と共に全力で事態を打開しようとする姿が見える。そして将軍として活躍していた時期も、懸命になって衰えていく幕威を支えようと努力し、すべてではないがそのいくつかの政策は成功し、薩摩藩など徳川に対抗する勢力と互角に渡り合った。

しかし、慶応《けいおう》三年(一八六七)十月の大政奉還から、鳥羽伏見《とばふしみ》の戦いなどを挟んで翌明治元年(一八六八)四月の、処刑を免れるまでのおよそ半年間は、英明さや勇気や行動力などまるで捨て去ったかのような信じられない体たらくであった。

ここではとくに、徳川慶喜が鳥羽伏見の戦いで敗れて後、家臣を見捨てて江戸に遁走し自らは命乞いに専念した時期を中心に、政治家のあり方について考えてみたいと思う。

②京都で決戦していれば勝てた慶喜

慶応三年(一八六七)の秋から暮れにかけて、京都を舞台に日本史上希《まれ》に見る政治合戦が繰り広げられた。

薩長は、幕府を倒したい。それも単純に倒すのではなく、徳川の権力を奪い取りたい。そこで「討幕の密勅」を出してもらい、幕府を武力討伐しようとした。察知していた徳川慶喜は、「大政奉還」で幕府という政権を朝廷に返してしまった。政権を返した以上、政権を討伐するわけにはいかない。

このままでは徳川が新政府に参加して、雄藩らによる公議政体ができてしまう。そうなると、最も武力と政治力を持つ徳川がトップに立つことは間違いない。

薩長はなんとか徳川を潰すために画策し、そして「王政復古の大号令」が下る。天皇がすべての権力を握る新政府が誕生し、摂政《せっしょう》や関白など旧来の職制も廃止。総裁・議定・参与の三職が置かれたが、そこに徳川の名はなかった。

さらに徳川に対し、「辞官納地《じかんのうち》」を求めることを決定した。「お前の持っているものを領地も含めて全部出せ」、というのである。対米戦争寸前の、最後通牒「ハル・ノート」のようなものである。ところが慶喜は、こんな無茶な要求になんらなすところなく、京都二条城を引き払って大坂城に移った。

慶喜の最初の間違いは、この「王政復古の大号令」直後、大坂へ退いたことである。

よく知られるように徳川の「辞官納地」を決めた小御所会議では、土佐《とさ》藩の山内容堂《やまうちようどう》が懸命になって徳川を擁護した。クーデターに参加していた越前《えちぜん》藩や尾張《おわり》藩も、基本的には平和裡に政権委譲を進めたいというのが本音である。

だとすれば、慶喜は二条城に陣取って朝廷工作を進め、自らも擁護派と連絡を取りながら事態を動かせたはずである。もちろん御所の中には、徳川に好意的な公家など入ることができず、天皇に直訴する手段は限られていたであろうが、二条城という、御所のすぐ近くに徳川慶喜がいるという政治的効果は大きい。

しかも、慶喜が擁していた徳川方は会津《あいづ》藩・桑名《くわな》藩を中心とした幕府軍が控えていて、その数およそ一万弱。対する討幕の盟約を結んでいた薩長と芸州の兵は合わせて四五〇〇。これは勝てる計算である。それでも慶喜は兵と共に大坂城に退いた。

だが、大坂に退いたことイコール無為無策とは言えない。自らが大坂に退くことで、事態を好転させようとした、とも解釈できるのである。

③見捨てた慶喜、見捨てなかった西郷

じつはその頃、朝廷の中では徳川の「辞官納地」の方法について意見が分かれており、次

第に対徳川融和派のほうが勢いを増してきた。

慶喜自身が上京して辞官納地をするならば、新政権の一員として迎えてもよいという空気すら漂い始めた。

もし、何事も起こらず事態が進んでいれば、あるいはそうなったかもしれない。

しかし、是が非でも徳川を潰して政権の実権を握りたい薩長は、いやでも戦争を起こさせる方法を考え実行した。

西郷隆盛《たかもり》の章で書いた、薩摩による江戸や関東での火付け盗賊行為である。

大坂にいた幕府軍は江戸での薩摩藩による暴虐《ぼうぎゃく》に激昂《げっこう》し、ついに鳥羽伏見の戦いが始まるのである。

鳥羽伏見の戦いの最中、徳川慶喜は「風邪を引いて臥せっていた。もういかぬというので、寝衣のままで終始いた。するなら勝手にしろというよう少し考えもあった」（『昔夢会筆記』）という。

もうこのへんから、慶喜はおかしくなっている。

慶喜の心境としては、あと一歩、あと少しで、自分は新政府の役職についた。旧徳川幕府というバックボーン、前政権担当者という権威と実績があれば、十分に新政権で権力を得られたはずである。それを、政治を知らぬ家臣どもが薩摩の罠にまんまとはまり、戦をするとは……。これですべて御破算だ、というのが慶喜の偽らざる気持ちではなかったか。

慶喜は第一の「王政復古の大号令」直後の戦いというチャンスは避け、第二の政権参加を待つ状態も鳥羽伏見の戦いで計算が違った。

そして第三の機会が、訪れた。

大坂城での徹底抗戦である。

政権を返上し、鳥羽伏見の戦いに敗れたとはいえ、徳川は依然として日本国の中で最も強大な政治・軍事組織のままである。大坂城に籠城し、江戸からの援軍を待てば、薩摩など遠国から出兵している連中は確実に息が切れる。そのタイミングで決戦を仕掛ければほぼ間違いなく勝利する。しかも大坂城にいる幕府兵力は二万に達していた。

鳥羽伏見の戦い後、大坂城内で評定が開かれたが、この時、徳川軍の全員が興奮と熱気につつまれていたのは、命のやりとりをしてきたことに加えて、徳川が本気になれば絶対に勝てるという確信を兵の末端に至るまで信じて疑わなかったからである。

だが、徳川慶喜は大坂城をごく少数の側近のみ連れて脱出し、江戸に遁走した。

筆者が許せないと思うのは、逃げる直前、会津藩兵に「たとえ千騎が一騎になっても退くな」などと命じたことである。さんざん煽っておいて、自分だけ逃げる。おそらくだが、慶喜はこの時点で精神的にかなり参っており、通常の判断ができない状況ではなかったか、と思える。

部下を見捨てて逃げた、となれば、もはや慶喜のリーダーとしての指導力はほとんどゼロに近くなり、その存在はまったく意味を成さなくなる。それを承知で逃げたとすれば、自分一人の命惜しさとしか思えない。

徳川慶喜と対決していた西郷隆盛には、こんな話が残っている。

西郷は西南戦争の末期、ひじょうに悲惨な撤退戦をしている。その時のこと。

西郷軍の中でも勇猛で知られていた辺見十郎太《へんみじゅうろうた》が頭部を負傷し、包帯を巻いていた。暑い日で、包帯にはハエがたかっている。西郷は、通りがかった娘に頼んで傘を辺見にさしかけてやった。が、辺見はよほど弱っていたらしい。

「私はもういっもはん（もうだめです）。どうか先に行っきゃッたもし（先に行ってください）」

これに対し西郷はただ一言、

「何を言うか！」

と大声で辺見をたしなめて、決して辺見を見捨てることはなかった。

西郷が絶対に負けるとわかっていて、城山の陣地にはなお四〇〇名近い西郷軍がいた。全員が西郷と死を共にすることを自然なことと受け止めていた。

これが、リーダーである。自分しか水を持っていなければ、その水を部下に分け与えるのが指導者である。そんなリーダーだからこそ、部下は懸命になって働くのだ。部下のためなら死ねる、とリーダーが思うからこそ、部下はリーダーのために死ぬ覚悟ができるのである。

自分だけ助かればよい、少なくともそう思えるような行動をとっておいて、再起を果たすなどあり得ないのである。

④軍資金は忘れ、女は忘れなかった慶喜

それでも慶喜は、江戸に戻ると多少元気が出たのか、最初のうちは薩長を迎え撃つような姿勢も見せた。

戦うのか、戦わないのか。

状況が二転三転しているのならば、その時々で柔軟に対応すべきは言うまでもない。しかし鳥羽伏見の戦い以後、薩長は完全に徳川討伐の方針で進んでいるし、朝廷工作もままなら

ず、慶喜が大坂城を出た時と江戸に遁走して少し経った時と、事態は何も変わっていないのである。にもかかわらず態度を柔軟にしたり強硬に変わったり、これは部下が最も混乱する態度である。

政治的なリーダーは常に状況の変化とその先行きを見据えながら態度を決めるため、方向転換もあり得る。しかし、その時々の心の動きをいちいち態度に示していると、たとえば政党の議員や、あるいは派閥に所属する議員はどちらを向いて走り出せばよいのかわからなくなる。

決めたらその方向に進むべきで、状況が悪化したら立ち止まればよいし、違う方向から行くのもよい。しかし、来た道を戻ったり蛇行したりするのは、政治的信念の欠如がそのまま態度に出ているとしか言いようがない。

徳川慶喜は少なくとも鳥羽伏見の戦い以後、なんの定見も持たず、政治目標もなく、ただ流れるままに身を任せていた印象が強い。

「彼の行動には一貫性がなかった。悪く言えば、場当たり的でさえある。当面の危機は一時的に避けることができても、政権の維持・強化のための、展望・目標が明確でないのである」(『徳川慶喜のすべて』「最後の将軍・徳川慶喜と戊辰戦争」の項、佐々木克)

慶喜が大坂城から逃げ出す際、いくつか面白い出来事があった。

慶喜が江戸に遁走するのに使った「開陽丸《かいようまる》」だが、艦長は榎本武揚《えのもとたけあき》。で、榎本自身は戦意旺盛に大坂城内に乗り込んでいたため、なんと艦長の榎本を置き去りにして開陽丸は江戸に向かった。

幕府の幹部として最初に逃げた徳川慶喜が、幕府幹部としては戊辰戦争の最後、箱館まで戦った榎本を置いて逃げたというのは、なんとも歴史の皮肉である。

その開陽丸には、無理やり言いくるめられて会津藩主・松平容保《かたもり》と、桑名藩主・松平定敬《さだあき》が乗船していた。慶喜の言い分としては、最も好戦的な会津と桑名の藩主を置いてきたら間違いなく戦争をする。だから連れてきた、ということらしいが、うがった見方をすれば、自分だけが逃げ帰ることに後ろめたさを感じて、遁走の「共犯」として容保と定敬を連れてきたのではないかと思われる。

開陽丸にはほかにも、その場にそぐわない人物が乗っていた。

慶喜の愛妾、およし、である。

軍資金一八万両や将軍の馬印である大金扇は忘れてしまったのに、自分の女はちゃっかり乗せているところに慶喜の本性が見える。

軍艦に乗っていた他の幕臣が、怒りのあまり自刃したとも言われているが、情けない話である。

⑤明治になって呑気《のんき》に自転車を乗り回していた慶喜

徳川慶喜は、いわば「終戦」をどのように迎えるのか、ということを考えていたわけである。それは戦う者にとって当然のことだが、徳川慶喜の「終戦」の仕方はじつに奇妙である。

これまで見てきたような呆《あき》れた行動だけではなく、そもそも、徳川家の主という立場でありながら、徳川家ではなく自分一身を救おうと考えたところに特異性が見られる。

豊臣秀吉《とよとみひでよし》の水攻めで有名な備中《びっちゅう》高松《たかまつ》城で、城主の清水宗治《しみずむねはる》が部下の命と引き換えに自ら自刃して果てた話は有名である。

最近でも日本が終戦を迎える時に、少なからぬ指導者たちは自らの命を的にして終戦を成し遂げている。

鈴木貫太郎《すずきかんたろう》は海軍出身の総理大臣だが、日本を終戦に導いた人物として知られる。

組閣は昭和二十年（一九四五）の四月七日。戦艦大和《やまと》が沖縄特攻に向かう途中、撃沈されたその日である。

鈴木は本土決戦を叫ぶ軍との対立を極力避けつつ、終戦への糸口を探し、ポツダム宣言が発せられてから終戦の詔勅《しょくちょく》が煥発《かんぱつ》されるまで、七九歳の老体に鞭打って困難な状況に対処した。

鈴木は昭和十一年（一九三六）二月二十六日、いわゆる「二・二六事件」で襲撃され四発の銃弾を身体に撃ち込まれたが、止めの一発を撃とうとした兵を妻が制止し、重傷ではあったが奇跡的に命は助かった。そのことに触れつつ、鈴木は昭和二十年の組閣当時の心境をこう述べている。

「その時（二・二六事件で襲撃された時）のとどめの拳銃の銃口の痕はなぜかかなり長い間余の頸にはっきりと残っていて、余はその痕跡の中に死を凝視したものである。いま（終戦時）首相として最難局の日本を処理するために大命を拝受した時、なぜか、その銃口の痕がしきりに思い出されてならなかった。余は一度死と面と向かった人間である。だからこそ生にたいしてなんの執着もなく、十分に活動し得ることができたのだと思った」（鈴木貫太郎『鈴木貫太郎自伝』）

自ら生に対する未練を捨てた上で、鈴木は次のような心構えを持って、内閣を運営した。

「現在はいかような事態であろうとも、将来の見通しというものをはっきり摑めば、その針路に向かって断固直進すべしという信念を得ていたので、平和への機会を掴むべく、ただ一人大針路を心に期し、戦時最終内閣の覚悟をもって内閣を乗り出したのである」（同前）

これが本来、指導者が持つべき終戦時の心得ではないのか。しかも鈴木は、指名によって総理になったのであり、江戸時代の徳川家の家督を継ぐような、血と歴史による政権の継承ではない。

徳川慶喜は血と歴史によって政権を継承しながら、慶喜に対して忠誠を誓う家臣たちを見捨てて、自らの一身のみを救った。

もし慶喜が自分の身ではなく、徳川家を残すために恭順したというのならば、徳川のために戦った者たちに、何をしたのか。

慶喜が死一等を減じられた明治元年四月から翌年の四月までおよそ一年、かつて徳川慶喜を主君と仰いだ人々は戦い続けていた。慶喜はたとえ無駄とわかっていても、彼らを説得し、自分の命と引き換えに彼らの命乞いをすべきではなかったか。それが、徳川宗家を継いだ者の責任ではないか。

近藤勇《こんどういさみ》や土方歳三《ひじかたとしぞう》は最後まで幕府のために戦い、捨てられた。

幕臣の多くが、たとえば衝鋒隊を指揮した古屋佐久左衛門《ふるやさくざえもん》も、負けても負けても兵を集めて戦い続け、箱館で戦死した。

そういえば慶喜は、明治になって隠居生活に入ると、日本に数台しかなかった自転車を乗り回して遊んでいた。天気のよい日は鉄砲での狩猟に夢中になり、静岡をはじめ東京にも巨大な屋敷を構え、悠々自適という文字そのものの余生を送った。

鈴木貫太郎は終戦に反対する者たちに玉音《ぎよくおん》放送が流れるまさにその日、襲撃され、小石川の私邸を焼き払われた。戦後も身に危険が及ぶ可能性があったため、三カ月の間に七箇所も居場所を転々としなければならなかった。

それでも老夫婦二人きりの時間がようやく持てたと、喜んでいた。

慶喜には、政治指導者としての覚悟がない。覚悟がなかったから、家臣のために命を捨てることもしなかったし、つい数年前に自分に忠誠を誓った者たちが戦いに倒れたにもかかわらず、平気で自転車を乗り回し、巨大な屋敷で老後を過ごせたのである。

なお、政権を途中で放り出した近衛文麿は昭和二十年十二月十六日未明、戦犯容疑で逮捕される寸前に自宅で服毒自殺をした。彼は、「恥を知る」人物、ではあった。

⑥徳川慶喜の「あなたとは違うんです」

政権を投げ出す、という意味では、たとえば安倍晋三《あべしんぞう》内閣、福田康夫《ふくだやすお》内閣、いずれも「投げ出し」批判にさらされているが、この二つの政権の退陣理由はまったく違うもので、同じ「投げ出し」では括《くく》りきれない部分がある。

安倍晋三総理は平成十九年九月、突如として自らの退陣を発表した。そのまま入院したという事態を見れば、それが体調不良によるものであったことは明らかである。

しかしながら、安倍退陣には体調とは別に、いくつかの前兆があった。

第一に、官邸内での不協和音。

とにかく、総理の周囲は何をやっているのか、という事態が相次いだ。

天皇陛下のご日程を確認せずに国会開会日を決定し、天皇ご不在のまま招集された第一六六通常国会は、院の構成だけを決め、翌日あらためて開会式を行なった。

表敬《ひようけい》訪問でやってきたアメリカの俳優との会見で、官邸側は安倍総理の通訳を手配せず、急遽《きゆうきよ》、映画配給会社が連れてきていた通訳が総理通訳も兼ねた。

こうした言ってみれば単なる凡ミスはしかし、一国の総理大臣が直接関わる事項としてはただのお粗末だけでは済まされない。

これは明らかに、総理周辺の事務方を含めた連携がまったくできていないことを示している。一説には、政務秘書官に官僚から重要な情報は何も上がってこなかった、という話や、広報担当補佐官と、本来広報を担当すべき政務秘書官の意思疎通がまったくできていなかったなどという話もある（上杉隆《うえすぎたかし》『官邸崩壊』）。

もっとも奇怪なのは、安倍総理が辞職の会見で、小沢一郎《おざわいちろう》・民主党代表との会見を断られたことを、辞める直接原因であるように述べていた点である。

本当に小沢一郎は会見を拒否したのか。官邸から小沢一郎への会見申し込みはきちんと行なわれていたのか。数々の疑問が残る。

このように、官邸内の問題はひじょうに大きく安倍総理への負担になっていた。加えて、直前の参議院選挙での歴史的敗北により参議院では第一党を民主党が占め、もはや民主党の意向を無視した政権運営は不可能になった。

体調を崩すのも無理からぬところである。

政策の議論は別にしても、教育基本法の改正など、安倍自身が訴えてきた「戦後レジウムからの脱却」路線は確実に進んでいたが、政権浮揚《ふよう》にはつながらなかった。

一方の福田康夫政権は、総理と官房長官との意思疎通について報道されたことが何度かあったが、総じて官邸内は統一感があり、政権中は道路特定財源の一般財源化表明や、外国では高い評価を得た洞爺湖《とうやこ》サミット、また消費者重視の政策など、おそらくは今後政権政党が変わっても引き継がれるべき政策を一つずつ布石していった印象が強い。また、元気のよい渡辺喜美《わたなべよしみ》・行革担当大臣を引き続き起用して公務員改革に当たらせるなど、当初のイメージと違う手腕を発揮した。

辞職の理由は、連立相手の公明党からの圧力という報道もあるが、福田康夫は元々、地位や名誉にはまったくといってよいほど恬淡《てんたん》としている政治家であり、自分が辞めることで事態がよい方向に動くのなら、それが最後の切り札であるとして、辞職の時期を考え抜いたに違いない。

民主党との対立の中で政策を推《お》し進めるには衆議院の解散・総選挙を行ない、過半数を得る以外の方法はなしと見極め、勝つためには国民的人気のある麻生太郎《あそうたろう》を総裁にする、仮に麻生でなくとも、民主党では小沢一郎に恐れをなして、誰も代表選挙に立候補できず無投票だったことを受けて、自民党は複数の候補者で総裁選を戦えば、民主党との違いをアピールできると踏んだのである。

つまり福田総理辞職は「戦略的退陣」であり、一方の安倍総理辞任は、自身が追い詰められた結果の退陣であった。

徳川慶喜がこのいずれであるのかは、議論の別れるところである。

日本を内戦状態にせず、外国の介入を防ぐために「戦略的に」大政奉還したことは事実だが、その後の大坂城抜け出しなどは、追い込まれた孤高のリーダーの精神的弱体化を見る思いがする。

ついでに書いておきたいのだが、福田総理辞任会見の際、「総理の会見が国民には他人事のように聞こえるというふうな話がよく聞かれております」との記者の問いに、「他人事のように、とあなたはおっしゃったけれども、私は自分自身を客観的に見ることができるんです。あなたと違うんです」と珍しく語気を荒らげ、話題になった。

福田の独特な会見での話しぶりは、つねに問題を冷静に捉えようとする福田の個人的な特徴であり、記者はそれを承知の上で煽《あお》ったのであろう。

だいたい一国の総理大臣、日本で最も政治責任を問われる人物が政治を語るのに、他人事でいられるわけがない。自分を押し殺し、冷静になろうと努力する姿は時に痛々しいくらいであった。

育ちがよいはずの麻生太郎がべらんめぇ口調で話すのよりも、よほど実直でいいと思うが、国民がテレビなどを通じて受ける印象はまた別のものかもしれない。このあたりをよく知っていた小泉《こいずみ》純一郎《じゅんいちろう》は、短い、わかりやすいフレーズ（「改革なくして成長なし」など）をおっかない顔をしながら繰り返した。記者にキレることもなく、長広舌《ちょうこうぜつ》でもなく、逆質問もせず、まるで役者が見得を切るようなものである。

いずれにしても、政権担当者はよほど下劣でない限り他人事で政治はできない。それは不可能である。徳川慶喜の大坂城脱出後はしかし、筆者には「他人事」のように見えてしまうのだが、少し厳しすぎるであろうか。

もしいま徳川慶喜が生きていたら、私に「あなたとは違うんです」、と言うのであろうか。しかし明らかに、全力を尽くしていた福田康夫のそれとは違う気がするのである。

⑦幕末もいまも変わらない、政治指導者の重責

幕府の章を終えるにあたって、徳川幕府に未来があったのかどうか、考えてみたい。

途中でも記したように、薩長中心の歴史観で見れば幕府は滅びて当然、ということになる。

しかし、もし幕府のほうが残ったら、薩長藩閥政府より悪政を行なったであろう、とは言い

切れない。

ただ確実に言えることは、徳川慶喜をトップに据えて政権を続けていても、肝心な時に変節するこの男では到底長く政権を維持できなかったであろう、ということである。

徳川慶喜には、その地位に連動する政治力も、自らが能力として持っている政治力もあった。しかし、大坂城を抜け出した瞬間に、すべては消えてなくなった。

徳川が権力の座から滑り落ちたのは、大政奉還でも王政復古のクーデターでもなく、正に慶喜が大坂城を抜け出したその瞬間なのである。

組織が持つ政治力は、トップによって極大化も極小化もする。

鈴木貫太郎が終戦を成し遂げられたのは、鈴木内閣の持つ政治力であり、鈴木内閣の政治力はすなわち鈴木貫太郎という人物の政治力に見事に比例している。鈴木貫太郎によって鈴木内閣の政治力は極大化したのである。

「この人の言うことなら聞こう」

これが、単純明快な政治力なのである。

鈴木内閣は鈴木貫太郎の言うことは聞こう、という閣僚たちが集まっていた。

その閣僚たち、たとえば海軍でいえば米内光政《よないみつまさ》、陸軍で言えば阿南惟幾《あなみこれちか》など、彼ら閣僚も

「あの大臣の言うことなら聞こう」という下僚たちに支えられていたのである。

ではなぜ鈴木の言うことを聞こう、阿南や米内の言うことを聞こう、となるのか。

すでに見たように、鈴木には私心がない。自分のためではなく国のために何ができるのか、そのことだけで動いている老提督に敬意を払わない者はいない。同じく米内も血圧が二〇〇を超えていたにもかかわらず激務を続けていたし、阿南は終戦時に、責任をとって自決している。

徳川幕府には幕末期にも有能で優秀な人材は多くいた。

しかし、彼らが最後まで力を発揮することはできなかった。それはなぜか。

トップに立つ人物がお粗末だったからである。

たとえば鈴木貫太郎が、自らの命惜しさに終戦の決断がつかず、いつも逃げ回るような人物であったら、仮に米内や阿南がいても、彼らは全力で内閣を支えられたであろうか。

こう考えると、徳川幕府の存続はやはり難しかったのではないか、と思う。

私たちは幕末の頃と比べて、文化文明が進んだと思い込んでいる。もちろん、様々な道具や技術によって生活は便利になった。しかし考えてみれば、いまもアメリカの大統領は一人であり、日本の首相は一人である。このたった一人の肩にその国の運命の大きな部分が託されていることに幕末もいまも変わりはない。

徳川慶喜や、井伊直弼のような、全体ではなく自分の組織、もしくは自分自身を第一に考えるような政治家が出てこないよう、目を見開いていなければなるまい。

幕末、時代が動いたのは、阿部正弘によって開国に対する意見を求められ、その時はじめて、自らが考え自らが発言することを、人々が体験したからである。

私たちは、私たち自身の目で見、私たち自身の頭で考え、政治と政治家を精査していきたいものである。

終章

国家救済の政治力とは

「危機の時代」の政治指導者

①品格のある政治家が、国を再生する

昭和三〇年代後半。

一人の男が、ある政党の入口から中に入ろうとした。それを受付嬢が引き止めた。

「失礼ですが、どちらさまでしょうか?」

「ニシオです」

「どちらのニシオ様でしょうか?」

「委員長のニシオです」

男は、西尾末廣《にしおすえひろ》。民主社会党初代委員長。民社党の受付嬢は新人で、うかつにも新聞やテ

レビで見る西尾末廣の顔と目の前の男の顔が一致しなかったらしい。

それにしても、「ナニっ、委員長たる我が輩、西尾末廣の名を知らぬとは何事かッ」と怒ってもよさそうなものだが、西尾はただ静かに西尾末廣だと名乗り、受付嬢を叱ることもいっさいしなかった。

「いわゆる労働者（筆者註・労働運動家）出身の猛々《たけだけ》しい、粗野な感じといったものはまったくなく、思慮深い、学者のような印象を受けました」

交流のあった三木武夫《みきたけお》の妻、睦子《むつこ》夫人の西尾評である（都甲正一《とこうしょういち》『男の生きざま』）。

西尾は、知らない人が見れば正に昔風の学者然として、同時代の労働運動上がりの政治家、たとえば浅沼稲次郎《あさぬまいねじろう》とは好対照のインテリに見えた。

実際、学識が豊富で、とても高等小学校中退とは思えない。浅沼のほうは早稲田大学を出ているから、人間の雰囲気というものは、学歴とは関係ないものであるようだ。

西尾は猛勉強家で読書家でもあった。自らの学歴の足らざるところを、読書を通して学んだ。その読書は偏《かたよ》ったものでなく、加えて二〇代から始まった労働運動家としての実践に基づき、現実に即した良心的な改良主義者となっていった。

鋭い人物評で知られる芳賀綏《はがやすし》・東京工業大学名誉教授は、

「かれはもっぱら理性と意志の人であって、情の人というタイプではない。明快な思考を真正直な表現であらわす西尾には、マぁマぁの浅沼や、小心で気のいい鈴木茂三郎や、ハムレット型の成田知巳に見られるような、他人の顔色をうかがうところがまったくない。――中略――自分をかばうことのできない人物だ」(『指導者の条件』)。

幕末、このタイプの人間はよく見られた。佐久間《さくま》象山《しょうざん》や大村《おおむら》益次郎《やすじろう》、大久保《おおくぼ》利通《としみち》といった人々は、理性と意志の人であり、殺されても自らを弁護しない人々であった。

しかも、彼らには例外なく「品格」が備わっていた。

佐久間も大村も大久保も、みな名家の出ではない。武家社会の下層から時代が輩出した人物たちである。

名家出身でもないのに品格があったのは、教養を身につけていたからに他ならない。

西尾末廣もまた品格漂う政治家であった。彼にも、なるほど大学は出ていないがしかし真の意味の教養があった。

真の教養とは何か。

それは教科書を学ぶことではなく、世の中を知り、物事の究極の姿、理想を探求し、そのために広く目を世界に向けるということである。

もし、幕末と平成の政治家の違いを問われれば、筆者は教養の差を挙げたい。現代の政治家と話をしていると、時々、「しょせんお前たちにはわかるまい」という政策通の鼻持ちならない雰囲気を感じる時がある。実際彼らはよく勉強し、有名大学や外国の大学を出、一流企業や官庁に勤めた経験を持つ。もちろん政策に詳しい。

しかし、何かが足りない。

一方、こんなことも経験した。

一人の、医師の資格を持つ議員と話していた時のこと。話の内容は医療や福祉のことで、彼の真摯《しんし》な姿勢につい引き込まれてしまった。

おそらくは、患者の生死と常に向き合ってきた前半生が、命というものを法律ではなく現実の問題として捉えることができる、その深みがもたらしたのであろう。

老人医療について、「病気の自分は早く死んだほうが家族のためなのだ、とお年寄りに思わせるような社会は、どこか間違っている」という彼の言葉に、心から医療行政を託したくなった。

彼にはやはり、「品格」があった。

品格は、見てくれではない。学歴や職歴も関係ない。第一に、人間としての中身を磨いているかどうか、物事を考えて考えて考え抜いているのか。西尾末廣は、東大出の秀才のようなスピードではなかったかもしれないが、それでも問題の本質を考え抜いて、出した結論を信念として貫いた。その生きざまに品格が感じられるのである。物事を考え抜くという教養の本質を、西尾は持っていた。品格を感じさせる第二の理由は、私欲を捨て、他者のために生きるという奥ゆかしさ、使命感である。西尾はそういう奥ゆかしさをたしかに持ち合わせていた。

この国が再生するかどうか、それを政治家の資質から考えるならば、正に品格のある政治家の登場を望みたい。

幕末史はついつい英雄に目がいってしまう。かくいう本書も、英雄を中心に著述した。しかし、西郷隆盛《さいごうたかもり》や坂本龍馬《さかもとりようま》が活躍するその基礎部分には、佐久間象山の進んだ思想や理論があり、大村益次郎の戦略指揮があり、大久保利通の見事なサポートがあったはずである。政治家を志す者が坂本龍馬や西郷隆盛に憧れ、彼らを目標とすることになんの異議もないが、彼らを幾重にも取り巻いた品格のある、理性と意志を持った政治家たちを忘れてはなるまい。

愚直で、損を覚悟しても信念を曲げない政治家が、この国の未来を必ず変えていくはずである。

ちなみに西尾末廣が生まれた明治二十四年（一八九一）、国会にはじめて、当時改進党《かいしんとう》の代議士だった田中正造《たなかしょうぞう》によって、足尾銅山問題の質問書が提出された。

「民を殺すは国家を殺すなり」

この強烈な言葉を発した田中正造もまた、品格ある政治家であった。他者のために生きることを旨として活動し、普段ほとんど家におらず、問題の発生した現場を駆けずり回っていた田中は、時に妻の名を忘れるほどであったという。

②国をよくしたいのなら、国民自身がよくならない限り不可能

西尾や田中のような政治家をいま望んだとして、それは叶うのであろうか。

十分に可能である。

与党にも野党にも、もっと言えばいつの時代も、人物は存在する。その人物が活躍できるかどうかは、時代のあり方によって様々であろう。現代の日本はそういう意味で、時代のあり方を決定する大きな力が国民自身の手にある。これは有史以来まれに見る幸運と言えよう。

私たち国民が素晴らしい政治家を望めば、そういう政治家に投票すれば、その人は政治家

として活躍できる。

一部の権力者が国会議員を決めるのではなく、私たち自身の手で議員を選べるのである。

逆に言えば、もしいまの政治を「おかしい」と感じているとして、その責任の大半が国民自身にあることに気がつくべきである。

私たちは政治家や政党を批判するが、彼らを選んだのは紛《まぎ》れもなく私たち自身である。投票に行く、行かないは関係ない。投票に行かない人は、「出てきた結果に反対しません」という意思表示であり、これもまた、消極的ではあるが政治家を選出している要因である。

つまり、選挙権という権利を持つ私たち国民が、政治に対して責任を持っているのである。

幕末に置き換えて考えてみると、佐幕か倒幕か、攘夷か開国か、その決定権が広い意味で私たち自身の手に握られているのである。

私たち一人一人が、あるいは龍馬であり、あるいは西郷であり、あるいは阿部正弘なのである。

そこで考えてほしいことがある。

第一に、彼らは軽々に政策を決めたであろうか。攘夷や開国の、あるいは倒幕の中身を吟味せずに勢いだけで突っ走ったのであろうか。そうではあるまい。彼らは何がいまの日本に必要なのか考え抜いて、結論を出して、断固行動したはずである。

単に感情的な政府攻撃や野党攻撃では、決して正しい政策は見えてこない。冷静に考え抜いて、結論を得るべきである。

第二に、西郷や龍馬たちは、責任を誰かに押しつけて逃げたであろうか。自分よりも地位が上の人間のやることに時々文句を言いながらも従っていたのであろうか。そうではない。

彼らは、自分たちが国を動かすのだという意志を持って、実際に政治を動かし、その責任も負っていた。逃げずに、失敗しても他人のせいにせず、自分の力で歩こうとした。

一方で、いまの日本は「おまかせ民主主義」などと揶揄《やゆ》される。

すべてはお上の言いなりで、そのかわり責任も全部政府のせい。

だからであろう、「一度、A党に政権をやらせてみたらいい」などと、他人事のような言い方をごく自然にするのである。

やらせた後の責任はもちろんA党がとればいいのであって国民は関係ない、のだろうか。

いいや、間違いなく選んだ責任は国民にある。

国をよくしたいのなら、国民自身がよくならないかぎり不可能である。国民が自分自身で考え、国民が責任を負い、逃げずに国を動かすという意志を持つことが、この国を前進させ再生させる最大の要因となる。

③他者のために生きるというDNA

幕末にも限るまいが、歴史を眺めていてつくづく思うことは、経済状況や文明の進歩と人間の質の間には、ほとんど何の関係もない、ということである。

いまよりはるかに不便で、情報もごく限られていた幕末にあって、必死に外国を知ろうと努力し、身の危険も省みずに外国渡航を企てた吉田《よしだ》松陰《しょういん》はもとより、本書に登場した多くの人物は、想像を絶する努力と能力で国を動かした。

それは国を、国民を救うことが、自らのこころざしだったからである。

もし国の再生を考えるのであれば、それは国民の再生と同義語でなければならない。

経済状況を好転させることは難しいことではない。すでに専門家たちは、次はいつ頃景気が回復するのか予想を立てている。景気が好、不景気を繰り返していることは経済理論の前に歴史が証明している。

だが、国家が再生するとは、単に経済がよくなることではあるまい。

極端な話だが、もし江戸時代の運命共同体的な村社会がいまも厳然と存在していたら、老人の孤独死や変質者の跳梁《ちょうりょう》は防げた。いくら福祉や治安に予算を割《さ》いても、お金でできることには限界がある。逆にお金がなくても、自立した個人が互いに助け合う社会は、それだけで福祉の大部分をカバーすることができる。

もともと、共同体は個人では生きていけない厳しい環境の中で、生きる知恵として生まれたものである。ところが、日本はいまや引きこもっても個人で生活できる社会になりおおせた。

お金も食糧もある中で、どうやって互いが助け合うという社会を構築できるのか。

それはもはや、理性とこころざしでしかあり得ないのではないか。己のある部分を捨てても、そして金儲けにはならなくても、他者を助けるという精神である。

日本人が海外で仕事をすると、ひじょうに高い評価を得る。とくに海外協力隊など、外国の農業や教育、医療福祉に関わる人々の献身は、私たちの想像以上に歓迎され感謝されている。自衛隊の海外派遣もまた、灼熱《しゃくねつ》の海や砂漠の国での危険な任務など、こころざしがなければ耐えられるものではない。

他者のために生きるというDNAは、現代日本の私たちに確実に伝わっている。これが結局、国家救済の政治力となっていくのである。

一世紀半前の日本人が残した足跡をたどりながら、少しだけ現代の日本について考えてみた。現代の政治指導者論を、歴史上の出来事と直接リンクすることの無謀さを十分承知しつつ、それでも吐かねばならない言葉があるのだと、自らを鼓舞《こぶ》して書き進めた。最後までお読み戴き、読者諸氏に心から感謝申し上げたい。

主要参考文献

●『幕末の大奥』畑尚子　岩波書店●『天璋院篤姫のすべて』芳即正編　新人物往来社●『氷川清話』勝海舟　角川書店●『新訂海舟座談』巖本善治　岩波書店●『天璋院篤姫と大奥の女たちの謎』加来耕三　講談社●『幕末維新の元勲青年坂本龍馬の偉業』藤本尚則　敬愛会●『龍馬最後の真実』菊地明　筑摩書房●『龍馬の時代』木村幸比古　淡交社●『もっと知りたい坂本龍馬』木村幸比古ほか　日本実業出版社●『龍馬の金策日記』竹下倫一　祥伝社●『西郷隆盛の世界』上田滋　中央公論社●『西郷隆盛・終わりなき命』南日本新聞社編　新人物往来社●『南洲百話』山田準　明徳出版社●『甲東逸話』勝田孫弥　冨山房●『海江田信義の幕末維新』東郷尚武　文藝春秋●『それでも改革はやまぬ』武部勤と「新しい風」　祥伝社●『構造改革の真実』竹中平蔵　日本経済新聞●『日本官僚史！』広見直樹　ダイヤモンド社●『政党崩壊』伊藤惇夫　新潮社●『新選組大事典』新人物往来社編　新人物往来社●『新選組始末記』子母澤寛　中央公論社●『新選組大人名事典』新人物往来社編　新人物往来社●『新選組』大石学　中央公論新社●『新選組日記』木村幸比古　ＰＨＰ研究所●『開国への布石　評伝・老中首座阿部正弘』土居良三　未来社●『大いなる失敗』ズビグネフ・ブレジンスキー　伊藤憲一訳　飛鳥新社●『幕末気分』野口武彦　講談社●『明治十年丁丑公論・痩我慢の説』福沢諭吉　講談社●『政治文化論』中村菊男　東洋経済新報社●『政治社会学概論』上條末夫　北樹出版●『政治心理学』上條末夫ほか　北樹出版●『機関銃下の首相官邸』迫水久常　恒文社●『鈴木貫太郎・鈴木貫太郎自伝』鈴木貫太郎　日本図書センター●『徳川慶喜のすべて』小西四郎　新人物往来社●『戊辰戦争から西南戦争へ』小島慶三　中央公論社●『ソ連・東欧を読む』ボリス・エリツィン他　プラネット出版●『幕末五人の外国奉行』土居良三　中央公論社●『完全なる経営』Ａ・Ｈ・マズロー　日本経済新聞社●『岸信介証言録』原彬久編　毎日新聞社●『岸信介の回想』岸信介ほか　文藝春秋●『その時歴史が動いた8』ＮＨＫ取材班　ＫＴＣ中央出版●『その時歴史が動いた2』ＮＨＫ取材班　ＫＴＣ中央出版●『日本政治史1』升味準之輔　東京大学出版会　ほか

〔ムック・雑誌その他〕『天璋院篤姫と幕末動乱』別冊歴史読本、歴史群像シリーズ31『血誠新撰組』、歴史群像シリーズ58『土方歳三』、歴史群像シリーズ16『西郷隆盛』、「歴史読本」３０９号・特集坂本龍馬　ほか

★読者のみなさまにお願い

この本をお読みになって、どんな感想をお持ちでしょうか。次ページの「100字書評」(原稿用紙)にご記入のうえ、ページを切りとり、左記編集部までお送りいただけたらありがたく存じます。今後の企画の参考にさせていただきます。また、電子メールでも結構です。

お寄せいただいた「100字書評」は、ご了解のうえ新聞・雑誌などを通じて紹介させていただくこともあります。採用の場合は、特製図書カードを差しあげます。

なお、ご記入のお名前、ご住所、ご連絡先等は、書評紹介の事前了解、謝礼のお届け以外の目的で利用することはありません。また、それらの情報を六カ月を超えて保管することもありません。

〒一〇一―八七〇一　東京都千代田区神田神保町三―六―五　九段尚学ビル
祥伝社　書籍出版部　祥伝社新書編集部
電話〇三(三二六五)二三一〇　E-Mail : shinsho@shodensha.co.jp

キリトリ線

★本書の購入動機(新聞名か雑誌名、あるいは○をつけてください)

＿＿＿＿新聞の広告を見て	＿＿＿＿誌の広告を見て	＿＿＿＿新聞の書評を見て	＿＿＿＿誌の書評を見て	書店で見かけて	知人のすすめで

★100字書評……幕末志士の「政治力」

名前

住所

年齢

職業

瀧澤　中　たきざわ・あたる

1965年、東京都生まれ。駒澤大学法学部上條末夫研究室卒。作家・政治史研究家。日本ペンクラブ会員。著書に『戦国武将の「政治力」』(小社刊)、『政治のニュースが面白いほどわかる本』『日本の政治ニュースが面白いほどわかる本』『日本はなぜ日露戦争に勝てたのか』(以上中経出版)、『政治の「なぜ？」は図で考えると面白い』『日本人の心を動かした政治家の名セリフ』(以上青春出版社)、『昭和を生きた新選組』(経済界)、『総理の品格』(ぶんか社) ほか多数。現在、女性誌『Oggi』にコラム連載中。
ホームページ http://t-linden.co.jp/book/

幕末志士《ばくまつしし》の「政治力《せいじりょく》」
国家救済のヒントを探る

瀧澤《たきざわ》　中《あたる》

2009年2月5日　初版第1刷発行

発行者……………竹内和芳
発行所……………祥伝社しょうでんしゃ
〒101-8701　東京都千代田区神田神保町3-6-5
電話　03(3265)2081(販売部)
電話　03(3265)2310(編集部)
電話　03(3265)3622(業務部)
ホームページ　http://www.shodensha.co.jp/

装丁者……………盛川和洋
印刷所……………萩原印刷
製本所……………ナショナル製本

Printed in Japan　ISBN978-4-396-11143-4　C0221